LE BANQUET

Paru dans Le Livre de Poche :

ALCIBIADE

APOLOGIE DE SOCRATE *(Libretti)*

APOLOGIE DE SOCRATE / CRITON / PHÉDON

GORGIAS

HIPPIAS MINEUR / HIPPIAS MAJEUR

MÉNON

PHÈDRE

PROTAGORAS

LA RÉPUBLIQUE

PLATON

Le Banquet

TRADUCTION ET NOTES DE PHILIPPE JACCOTTET
REVUES AVEC LA COLLABORATION DE MONIQUE TRÉDÉ

Introduction, appendices, commentaires
et index par Monique Trédé

LE LIVRE DE POCHE
Classiques de la philosophie

INTRODUCTION

Le Banquet est le récit de la réunion d'amis qui se tint en 416 dans la maison du poète tragique Agathon, et au cours de laquelle l'hôte et ses invités – Phèdre, Pausanias, Eryximaque, Aristophane et Socrate – prononcèrent chacun un éloge de l'Amour.

I. *Présentation*

Qu'est-ce qu'un « banquet » grec ?

Le mot grec *symposion*, traditionnellement traduit en français par le mot « banquet », désigne une institution de la vie grecque : le moment où un groupe d'amis, adultes et citoyens, après s'être restaurés, partagent le plaisir de boire, tout en discourant, en chantant, en écoutant des musiciens, parfois même en regardant un spectacle, comme on voit dans *Le Banquet* de Xénophon où musiciens, danseurs et acrobates concourrent au plaisir des hôtes. Cette cérémonie collective unit, selon un dosage variable, le plaisant au sérieux[1] :

« On ne vient pas au banquet en se présentant comme un vase à remplir mais pour y parler sérieusement et y plaisanter, pour écouter et pour dire de ces propos auxquels l'occasion invite les assistants, s'ils doivent trouver plaisir à converser entre eux » (Plutarque, *Banquet des Sept Sages,* 2, 147e).

---

1. Sur le banquet comme « institution du plaisir partagé », voir :
F. Dupont, *Le Plaisir et la loi,* Paris, 1977 ; et surtout, F. Lissarague, *Un flot d'images, une esthétique du banquet grec,* Paris, 1987. La règle du mélange de plaisant *(paidia)* et de sérieux *(spoudè)* inhérent au banquet comme pratique sociale trouve une correspondance parfaite dans la complexité de la figure de Socrate telle que l'évoque Alcibiade à la fin du dialogue *(cf. infra,* p. 37 *sqq.).*

Chaque *symposion* se fixe des règles et se donne un chef, le «symposiarque», auquel tous doivent obéir; ce chef du banquet décide notamment des proportions du mélange de vin et d'eau – car seuls les Barbares boivent, le vin pur, et, aujourd'hui encore, en Grèce, le terme *krasi* qui signifie proprement «mélange» est souvent employé pour désigner le vin –, du nombre des cratères qui seront consommés et des divertissements de la soirée. Il est aisé, dès lors, de distinguer entre les banquets des gens vulgaires, dénués d'esprit et de culture, et les banquets des philosophes, comme le souligne Planton :

«Les gens grossiers, ne pouvant trouver en eux-mêmes, faute d'éducation, la matière d'un entretien, quand ils boivent ensemble, incapables d'associer leurs voix ou leurs discours, font monter le prix des joueuses de flûte, parce qu'ils achètent fort cher une voix qui n'est pas à eux, la voix des flûtes, et qu'ils se procurent ainsi le moyen de passer le temps en société. Quand des gens cultivés, au contraire, se réunissent pour boire, on ne voit auprès d'eux ni joueuses de flûte, ni danseuses, ni citharistes; ils suffisent par eux-mêmes à l'entretien sans avoir besoin d'ajouter à leur propre voix le secours emprunté de tout ce caquet dénué de sens, et, même en buvant largement, ils savent parler et écouter tour à tour avec décence et dignité… ils s'entretiennent entre eux, par leurs propres ressources, se demandant et se rendant compte les uns aux autres de ce qu'ils valent, en des propos qu'ils ne tirent que d'eux-mêmes» (*Protagoras,* 347d-348a).

À ce rituel, les dieux sont associés, comme le montre un poème de Xénophane[1] énonçant les règles du bon banquet :

---

1. Sur Xénophane, dont les dates sont discutées (570-475 ?), voir W. K. C. Guthrie, *A History of Greek Philosophy,* vol. I, pp. 362-363. La poésie de banquet constitue une large part de la production poétique de l'âge lyrique en Grèce (VIIᵉ-VIᵉ s. avant J. -C.); outre ce poème de Xénophane mettant en scène le moment même du banquet, nous sont parvenus des fragments d'Alcée, de Solon. Sur cette poésie, voir aussi F. Lasserre, «Erotikoi Logoi», *Museum Helveticum,* 1944, pp. 169-176.

«Et voici maintenant que le plancher est propre,
Que les mains sont lavées et les coupes rincées.
De couronnes tressées un garçon ceint nos têtes,
Et un autre nous tend le vase renfermant
La myrrhe parfumée. Là se tient un cratère
Rempli de bonne humeur; un autre vin est prêt
Qui ne saurait manquer de tenir ses promesses,
Doux, sentant bon la fleur, dans les jarres de terre.
Et au milieu de nous, l'encens laisse exhaler
Sa sainte odeur; et de l'eau est là, fraîche, douce
Et pure; et il y a des petits pains dorés.
La table vénérable est chargée de fromage
Et de miel gras; au centre un autel est dressé
Tout recouvert de fleurs; et la maison résonne
Sous l'écho des chansons et sous les bruits de fête.
Mais il faut, quand on est rempli de bonne humeur,
D'abord en rendre hommage au dieu par un hymne
Fait de mythes pieux et de paroles pures.
Ensuite, après avoir versé la libation
Et demandé au dieu qu'il nous donne la force
D'œuvrer dans la justice – en vérité, c'est là
Notre premier devoir –, ce n'est pas un grand crime
De boire, tant qu'on peut retrouver le chemin
De sa propre maison...»

Xénophane, fr. 1 West, v. 1 *sqq.*;
traduction Dumont légèrement modifiée.

Le Banquet *de Platon : personnages et dates*

• *LES PERSONNAGES*

Le dialogue platonicien évoque la réunion, dans la demeure d'Agathon, des amis venus célébrer la victoire que le jeune poète a remportée la veille au concours de tragédie. Parmi les hôtes présents on trouve quelques figures marquantes de l'élite athénienne – le médecin Eryximaque, fils d'Acoumène, le poète comique Aristophane, le célèbre Alcibiade, l'homme politique qui défraya la chronique en cette fin du ve siècle et qui fait ici irruption sur le tard – et certains des riches jeunes gens soucieux de leur éducation qui gravitent le plus souvent autour de Socrate ou de ses rivaux, les sophistes : Phèdre, d'abord, dont un autre dialogue platonicien consacré à la beauté et à l'amour porte le nom[1], ou Pausanias, l'amant d'Agathon. Phèdre, Pausanias, Eryximaque et Agathon lui-même figurent encore dans un autre dialogue de Platon, le *Protagoras,* parmi les auditeurs des sophistes illustres réunis chez Callias : tandis que Phèdre et Eryximaque y « interrogent Hippias d'Elis sur la Nature et sur les choses du ciel » *(Protagoras,* 315c), Pausanias et Agathon, « un adolescent tout jeune encore, fort bien doué si je ne me trompe, et en tout cas d'une grande beauté » *(ibid.,* 315d-e), s'entretiennent avec Prodicos.

À ces personnages bien connus il faut ajouter un invité de Socrate, son disciple Aristodème, le témoin auquel on doit le récit de cette mémorable soirée.

• *DATES ET ANACHRONISMES*

La date de la victoire d'Agathon qui sert de prétexte à la réunion des banqueteurs, nous a été transmise par Athénée de Naucratis, Grec d'Égypte vivant au IIIe siècle de notre ère[2] : Agathon aurait connu son premier succès au concours des Lénéennes de 416[3].

---

1. Le *Phèdre* a reçu pour sous-titre « Sur le beau » et ses liens avec *Le Banquet* ont été souvent soulignés. Sur le personnage de Phèdre, voir l'article de J. Hatzfeld, « Du nouveau sur Phèdre », *Revue des Études Anciennes,* 1939, pp. 313-318, où l'on voit que Phèdre sera bientôt compromis dans le scandale de la mutilation des Hermès, à Athènes, et devra, comme Alcibiade, s'exiler.

2. Athénée de Naucratis est l'auteur d'un *Banquet des Savants* en 30 livres, sorte d'anthologie de la Grèce classique composée sous le patronage de Platon. Un abrégé de l'œuvre, réduite de 30 à 15 livres, est parvenu, pour l'essentiel malgré des mutilations, jusqu'à nous. Cf. Athénée, *Les Deipnosophistes,* éd. et trad. par A. -M. Desrousseaux et Ch. Astruc, Paris, *C. U. F.*, 1956.

3. Il y avait à Athènes à la fin du Ve siècle au moins trois occasions chaque année d'assister à des concours dramatiques. Lors des Grandes Dionysies, en mars-avril, se déroulaient durant trois jours, en présence d'un large public venu de toutes les parties du monde grec, des concours

Il devait alors être âgé d'environ vingt ans; les autres invités avaient autour de trente ans; et Socrate, leur aîné, un peu plus de cinquante ans[1].

La fête qui se tint en l'honneur du poète est donc bien antérieure au récit qu'en fait Apollodore, le jeune disciple de Socrate. Ce n'est en effet que beaucoup plus tard, alors qu'Agathon a quitté Athènes depuis plusieurs années pour la cour du roi de Macédoine, qu'Apollodore, qui en 416 n'était encore qu'un enfant, consent à satisfaire la curiosité de quelques amis en se faisant l'écho du récit qu'il tient d'Aristodème, témoin de cette réunion. Ce récit prend place dans les années 400, c'est-à-dire peu avant la mort de Socrate qui but la ciguë en 399.

Quelle est enfin la date de composition du dialogue? Certaines allusions historiques qui, dans le texte du *Banquet,* renvoient, non à l'époque de la victoire d'Agathon, mais à l'époque de Platon (voir, en particulier, l'allusion au pouvoir des Barbares sur l'Ionie en 182b et la mention de la dispersion des habitants de Mantinée en 193a), conduisent à situer la composition du *Banquet* autour de 380[2]. C'est donc un dialogue de la maturité du philosophe. Si de nombreux personnages se retrouvent dans le *Protagoras,* sans doute de quelques années antérieur, le climat de l'œuvre la rapproche du *Phédon,* comme F. Nietzsche déjà le suggérait avec sa pénétration habituelle[3]. Enfin la

de comédie, de tragédie, de dithyrambe et de drame satyrique. D'autres représentations avaient lieu lors de deux autres fêtes de Dionysos : les Lénéennes, auxquelles ne participaient que les Athéniens, en janvier-février, et les Dionysies des champs, en décembre-janvier.

1. Nous suivons sur ce point les analyses de Jeanne et Georges Roux sur «L'âge du poète Agathon à l'époque du *Banquet*» in «À propos de Platon : réflexions en marge du *Phédon* et du *Banquet*», *Revue de Philologie,* 87, 1961, pp. 210-224.

2. Entre 385 et 379. C'est la date à laquelle se rallie la plupart des éditeurs du *Banquet* et, parmi eux, R. G. Bury, L. Robin et K. J. Dover.

3. *Cf. La Naissance de la Tragédie,* où Nietzsche écrivait : «Il entra dans la mort avec autant de calme que, dans le récit de Platon, on le vit quitter le banquet, quand il s'en fut à la pointe du jour pour commencer une nouvelle journée, laissant derrière lui ses compagnons endormis par terre ou sur les bancs en train de rêver de Socrate, le véritable serviteur

dialectique ascendante du discours de Diotime prépare les livres 6 et 7 de *La République* et trouve un écho élargi dans le *Phèdre*[1].

II. Le Banquet : *structure et analyse*

Précédé d'un préambule complexe et d'un prologue, *Le Banquet* présente, au premier regard, trois parties bien distinctes :

– l'ensemble des cinq premiers discours, c'est-à-dire les éloges prononcés par Phèdre, Pausanias, Eryximaque, Aristophane et Agathon qui exposent les théories non philosophiques de l'amour ;

– la conception socratique de l'amour, mise dans la bouche de Diotime, la prêtresse de Mantinée qui est censée avoir initié Socrate, bien des années auparavant, aux mystères de l'amour ;

– enfin, l'éloge de Socrate par Alcibiade clôt le dialogue en faisant retour au monde sensible[2].

Comme on voit, l'intervention de Socrate-Diotime occupe le centre du *Banquet,* de même que la figure de Socrate, c'est-à-dire du philosophe, commande la structure du dialogue et lui donne son unité.

Le préambule, 172a-174a

Le récit transmis dans le dialogue n'est le fait ni de Socrate, ni même d'un participant au banquet. C'est un certain Apollodore de Phalère, jeune et fervent disciple de Socrate depuis trois ans, qui a accepté, à la demande de son ami Glaucon d'abord, puis, à nouveau, quelques

d'Erôs». (Traduction C. Heim, Paris, 1964, p. 90.) P. Friedlander, *Plato, The Dialogues,* II, p. 32, souligne à son tour ce lien entre les deux dialogues et remarque notamment : «... the Symposium and the Phaedo are works of contrast and complement, both contain what Socrates calls the "whole tragi-comedy of life". »

1. Sur la dialectique platonicienne et les rapports entre *Le Banquet, La République* et le *Phèdre,* voir notre introduction, *infra,* pp. 29 *sqq.*

2. Sur la démarche descendante qui suit la montée dialectique jusqu'à l'essence et ramène dans le monde sensible, ainsi que plus généralement sur la structure et la méthode dialectique des dialogues, on se reportera aux analyses pénétrantes de V. Goldschmidt, *Les Dialogues de Platon,* Paris, 1947 (sur *Le Banquet, cf.* § 96 à 104, pp. 222-235).

jours plus tard, pour satisfaire la curiosité de jeunes gens riches intéressés par les choses de l'esprit, de se faire l'écho du récit qu'il tient d'Aristodème, cette ombre fidèle de Socrate, qui assista au fameux banquet. Apollodore, que l'on voit dans le *Phédon,* bouleversé par la mort imminente de Socrate, a eu le privilège, ainsi qu'un dénommé Phénix, d'entendre Aristodème raconter cette soirée mémorable et a pu ensuite interroger Socrate sur les détails qui lui manquaient. Il ne demande qu'à faire bénéficier ses interlocuteurs de son savoir, tant est grand son bonheur de «parler ou entendre parler de philosophie», alors que les conversations «des richards et des affairistes[1]», il doit l'avouer, l'assomment (173c).

Ainsi, la spécificité de l'entretien philosophique est d'emblée précisée et opposée aux propos mondains, tandis que, par le biais de ces récits emboîtés, par la mise à distance qu'effectue cette introduction chronologique et historique, c'est l'authenticité même de l'événement qui se trouve soulignée[2].

Enfin, à travers l'évocation d'Apollodore et d'Aristodème, les deux «dévots» de Socrate, c'est une première vision du maître et de la vie philosophique qui s'esquisse aux yeux du lecteur.

Schéma des récits emboîtés du Banquet

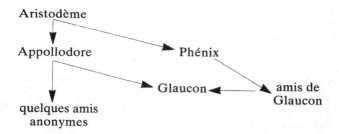

1. La traduction de Philippe Jaccottet force peut-être quelque peu ici la connotation péjorative de l'expression grecque ; mais elle rend fidèlement le sentiment profond d'Apollodore.
2. On trouve une démarche parallèle à propos du récit de Critias sur l'Atlantide ; là encore l'ancienneté des témoignages vient confirmer l'historicité de l'événement.

Le prologue du récit d'Aristodème, 174a-175e

Par la bouche d'Apollodore, Aristodème raconte d'abord comment il rencontra Socrate, «sortant du bain et chaussé de sandales», beau et paré pour se rendre chez le bel Agathon; et Socrate l'invite aussitôt à le suivre chez le jeune poète, tel Diomède appelant Ulysse à l'accompagner pour franchir avec lui les lignes troyennes; c'est que, comme le laisse entendre la citation d'Homère qui accompagne l'invitation, la maison d'Agathon, si accueillante soit-elle, est un lieu dangereux pour le philosophe : c'est le lieu de réunion des élèves des sophistes, c'est-à-dire des adversaires de Socrate. De fait, «c'est un véritable combat qui va s'engager au sujet de l'amour entre les partisans de la rhétorique et de la sophistique et le philosophe qui se retrouve sans allié dans cette assemblée[1]» – combat enjoué et ironique comme l'indique le ton de ce prologue, et combat que Socrate n'aborde pas sans armes, lui qui avouera bientôt «ne rien savoir hors les choses de l'amour» (177d).

---

1. Nous empruntons cette formule à un article récent de J.-F. Mattéi, «Le symbole de l'amour dans *Le Banquet* de Platon», *Herméneutique et ontologie, Mélanges en hommage à Pierre Aubenque*, Paris, 1990, pp. 55-77. L'auteur propose dans cette étude une analyse nouvelle de la structure du dialogue, fondée sur le chiffre cinq, chiffre symbolique que les pythagoriciens appelaient «nombre nuptial», et dont il peut sembler naturel qu' «il gouverne un dialogue consacré à la fécondité cosmique d'Erôs, engendré la nuit de la naissance de la déesse de l'amour», Aphrodite. L'auteur rappelle à l'appui de son interprétation que, selon Nicomaque de Gérasa et le Pseudo-Jamblique, le cinq était consacré par les pythagoriciens à Aphrodite. Si nous restons pour notre part réservée à l'égard des interprétations arithmologiques, force est de reconnaître que les discours qui précèdent la révélation de Diotime sont au nombre de cinq, que les étapes de la révélation jusqu'à l'irruption finale de la transcendance du Beau comptent également cinq paliers; que, comme l'a signalé Stanley Rosen (*Plato's Symposium*, pp. 294-295), le discours d'Alcibiade est composé en cinq moments; et que cinq narrateurs ont rapporté après le discours de Socrate «cet étrange emboîtage de récits». Doit-on alors voir dans *Le Banquet* «un symbole circulaire, œuvre littéraire ou temple, marqué au chiffre du mystère de l'amour», le cinq, «nombre sphérique» des pythagoriciens? C'est en tout cas ce que propose Jean-François Mattéi.

Une succession de brèves scènes fait assister au chemin de Socrate et d'Aristodème vers la maison d'Agathon, puis à l'arrêt de Socrate, soudain plongé dans la méditation, à l'arrivée d'Aristodème, tout surpris de se retrouver ainsi seul chez le poète, à l'aimable accueil qui est réservé à «l'ombre de Socrate», à l'impatience d'Agathon qui, désireux de voir Socrate, envoie bientôt à sa recherche pour finalement renoncer, déconcerté par l'étrangeté du philosophe[1]. Quand Socrate arrive enfin, au beau milieu du souper, Agathon l'appelle aussitôt à son côté dans l'espoir d'obtenir par ce seul contact la communication immédiate du savoir «tout neuf» du philosophe au sortir de sa méditation. Mais Socrate, non content de mettre en doute l'hypothèse d'une telle forme de transmission du savoir, oppose la science noble et resplendissante d'Agathon, science récemment consacrée par sa victoire, à son propre savoir, piètre et ambigu. Derrière le dialogue ironique et scintillant qui campe face à face les deux rivaux majeurs, on devine le défi qui oppose au poète Agathon, élève des sophistes, *acmè* des cinq premiers discours, Socrate et son discours de vérité. De la joute qui va s'engager, Dionysos sera l'arbitre : le banquet peut commencer.

Après les rites religieux qui y préludent (176a), le médecin Eryximaque s'improvise «symposiarque»; il rallie les assistants à l'idée de boire avec tempérance et donne congé à la joueuse de flûte : la réunion se passera en discours. Comme Phèdre l'a suggéré, chacun fera l'éloge de l'amour; et Phèdre «père du discours» prend le premier la parole.

---

1. On notera ce thème de «l'étrangeté», de l'*atopia* du philosophe, c'est-à-dire de l'impossibilité de lui assigner un lieu (en grec, *topos*), de le localiser, de le définir. Présent dès le prologue, ce motif sera au centre de l'éloge de Socrate par Alcibiade (voir *infra*, pp. 35 *sqq.*).

*
* *

1. *Le discours de Phèdre*, 178a-180b

Dans le *Protagoras,* Phèdre écoute les leçons d'Hippias ; dans le *Phèdre,* il compte au nombre des sectateurs enthousiastes de Lysias. Ce bon élève des sophistes adopte pour faire l'éloge de l'amour le schéma rhétorique consacré : il exposera d'abord l'origine du dieu puis les bienfaits qu'il valut aux humains, en faisant montre d'une vaste érudition mythologique et littéraire. Pour Phèdre, comme pour Hésiode, Parménide ou Acousilaos, Erôs compte au nombre des puissances primordiales ; ce dieu parmi les plus anciens, dont il chante le pouvoir cosmogonique, n'a rien du «jeune dieu» qu'évoquera Agathon. Aux origines de la création du monde, il est aussi le meilleur guide vers la vertu car il inspire l'ambition du beau (la *philotimia,* 178d) et la noblesse, l'*arétè,* qui conduit à sacrifier sa vie pour l'aimé. C'est par amour qu'Alceste et Achille choisirent la mort et gagnèrent ainsi l'hommage des dieux. Dès ce premier éloge est posé le lien entre amour et mort – thème qui réapparaîtra dans le discours de Diotime, où sera proposée une nouvelle interprétation du sacrifice d'Alceste ou d'Achille ; et le lien entre amour et vertu, qui va parcourir la plupart des discours.

2. *Le discours de Pausanias*, 180c-185c

Suivant aussitôt le discours de Phèdre, il propose une nouvelle définition du sujet : l'amour, comme Aphrodite, est double ; il faut distinguer un amour céleste – ou «ouranien» – de l'amour vulgaire – ou «pandémien». L'amour céleste concerne les jeunes gens ; il est constant, durable, s'adresse à l'âme plus qu'au corps et vise à la vertu. À travers le discours de l'amant d'Agathon, l'amour des jeunes gens, pourvu qu'ils soient doués et intelligents, est présenté comme indissociable du souci éducatif, du goût de la philosophie et de la pratique de la vertu. L'amant forme l'aimé à la sagesse et à la vertu ; l'aimé est heureux d'acquérir ainsi éducation et sagesse : ces thèmes, ainsi que la distinction entre deux amours, l'un noble et l'autre vulgaire, préludent à l'analyse socratique.

Interlude : le hoquet d'Aristophane, 185c-e

Après ces deux premiers éloges de l'amour homosexuel par Phèdre et Pausanias[1], la parole revient à Aristophane. Mais un malencontreux hoquet qui saisit le poète comique le conduit à laisser sa place au disciple d'Hippocrate, Eryximaque. Pourquoi cet intermède et ce déplacement de l'intervention du poète ? Sans doute d'abord parce que, comme son nom l'indique, Eryximaque est par vocation « celui qui combat (*machomai*, « je combats ») le hoquet (en grec, *érugè* = hoquet) ; peut-être aussi pour transformer Aristophane en personnage de comédie et faire ainsi jaillir le rire ? Pour donner enfin par le biais de ce hoquet de pléthore, avant même le discours d'Eryximaque, une illustration des théories médicales qu'il va professer sur la réplétion et la vacuité ? C'est un moment de détente, un intermède ironique qui rompt avec les discours des doctes qui ont précédé et permet au médecin de donner une consultation médicale avec ordonnance.

3. Le discours d'Eryximaque, 185e-188e

Partant du discours de Pausanias, Eryximaque prétend le mener à son terme. Sans recherche stylistique superflue, mais sur un ton légèrement emphatique, le médecin étend à l'univers entier, au cosmos, la conception

---

1. Sur le rôle attribué à l'amour homosexuel dans *Le Banquet*, voir *infra*, notre Introduction, p. 27 et, plus généralement, l'étude de Kenneth J. Dover, *L'Homosexualité grecque,* traduit de l'anglais par S. Saïd, Paris, 1982, pour la trad. française ; en particulier p. 104 *sqq.* et 189 *sqq.*

du double amour que Pausanias étudiait chez l'homme et dans la société :

> « La distinction entre les deux amours me paraît, en effet, excellente ; mais la pratique de mon art, la médecine, m'a permis d'observer que cette distinction ne joue pas seulement pour les âmes des hommes et relativement aux beaux garçons, mais relativement à bien d'autres objets et en bien d'autres domaines, pour les corps de tous les animaux, pour tout ce qui croît sur terre et, en un mot, pour l'ensemble des êtres ; c'est dire que ce dieu est un grand, un admirable dieu, dont l'empire s'étend à l'ordre entier des choses, humaines et divines » (186a-b).

Cette vue prélude à l'affirmation de la dimension cosmique de l'Amour conçu comme démon qui se fera jour dans les propos de Diotime.

Eryximaque, le fils d'Acoumène, entend montrer que partout le noble amour crée l'harmonie tandis que l'amour vulgaire crée désordre et destruction. L'universalité des pouvoirs d'Erôs est établie par le biais de l'analyse du rôle que joue ce dieu dans les arts. Le premier témoin convoqué est l'art médical, défini d'emblée comme « la science des relations amoureuses du corps à la réplétion et à l'évacuation » : « Le plus habile médecin est celui qui sait diagnostiquer en elles le bon et le mauvais amour » (186c-d). Il s'agit d'« opérer des transformations », « de faire naître et d'extirper », ce qui est conforme aux principes hippocratiques de retranchement et d'addition. On songe au traité *Des vents,* sans doute composé dans le dernier quart du Ve siècle[1], où l'on trouve le précepte :

> « La réplétion est soignée par la vacuité, la vacuité par la réplétion, l'exercice par le repos, le repos par l'exercice. Bref, en un mot, les contraires sont les remèdes des contraires ; car la médecine est

---

1. Pour le traité *Des vents,* on se reportera à l'édition récente de J. Jouanna (Collection des Universités de France, Paris, 1988) et à l'introduction fouillée qui l'accompagne, pp. 9-49, et situe l'œuvre dans les écrits contemporains.

soustraction et addition, soustraction de ce qui est en excès, addition de ce qui est en défaut. Qui s'acquitte le mieux de cette tâche est le meilleur médecin; qui en est le plus éloigné est le plus éloigné de l'art[1]. »

Cet art du bon régime est ici interprété en termes érotiques comme substitution d'un amour à l'autre : la médecine, art du changement, vise à «remplacer le mauvais amour par le bon» et la santé reste conçue, conformément aux vues d'Alcméon de Crotone[2], comme «isonomie», et comme harmonie des contraires :

«Il s'agit en effet de susciter l'amitié et l'amour mutuels entre les éléments du corps les plus hostiles entre eux» (186d).

La définition de la médecine comme science des phénomènes érotiques que propose Eryximaque emprunte aux thèmes de la littérature médicale de son temps et réinterprète Alcméon de Crotone et Empédocle[3]. Mais, en fanatique de son art, le médecin ne se prive pas d'extrapoler et se livre à des généralisations abusives hors de sa spécialité.

Analysant ensuite l'art musical qui crée l'harmonie à partir des contraires – l'aigu et le grave –, il réécrit Héraclite, et précise que la musique impose l'accord d'éléments opposés (grave/aigu, lent/rapide) «en instaurant entre eux l'amour et la concorde». De même l'astronomie, qui règle l'équilibre des astres et des saisons, témoigne des pouvoirs d'Erôs. Quant à la divination, la *mantique,* c'est aux yeux d'Eryximaque la science de l'amitié entre hommes et dieux.

---

1. Hippocrate, *Des vents,* I, 4-5.
2. Alcméon de Crotone, dont Aristote précise *(Métaphysique*, I, 5, 986a 29 *sqq.)* qu' «il était dans la force de l'âge quand Pythagore était vieux», professait, si l'on en croit une doxographie d'Aetius transmise par Plutarque et Stobée, que :
«Ce qui maintient la santé, c'est l'égalité *(isonomia)* des forces, l'humide, le chaud, le sec, le froid, l'amer, le doux, et tout le reste, tandis que la monarchie instaurée parmi ces forces cause la maladie» (D. K. *Vors.* 24 B 4).
3. Sur la réinterprétation d'Empédocle par Eryximaque, sur le rôle de l'amitié et de l'inimitié dans sa cosmologie, voir Stanley Rosen, *Plato's Symposium*, p. 111.

Au terme de ce troisième éloge, l'amour se révèle comme un principe de régulation et d'harmonie dans le domaine des arts, dans l'ensemble de l'univers, chez les dieux comme chez les hommes. Dans ce discours syncrétique, qui emprunte aux philosophies présocratiques comme aux écrits de l'école d'Hippocrate, s'exprime un savant convaincu, qui découvre avec enthousiasme le principe caché de son art : l'amour[1].

4. *Le discours d'Aristophane,* 189a-193e

Après ces discours savants, qui traitent de l'amour des garçons, ces éloges dont chacun enchaîne sur le précédent, le corrige ou le complète, un ton nouveau se fait entendre, celui d'Aristophane. Grâce au déplacement de son intervention, le discours du poète comique précède immédiatement celui du poète tragique, et, dans l'ordre ascendant qui est celui du *Banquet,* son éloge se trouve être, de manière équivoque mais pourtant réelle, plus proche de la révélation de Socrate. Placé sous le signe du hoquet, de l'éternuement, l'éloge d'Erôs est d'emblée centré sur le corps, le rire, la vie physique. Contrairement à ses prédécesseurs, Aristophane n'évoque pas la nature *(phusis)* ou les œuvres *(erga)* de l'amour, mais s'efforce d'analyser la nature et les souffrances *(pathèmata)* des humains. Le mythe de l'androgyne que Platon met dans la bouche du poète comique est sans doute l'un de ses textes les plus célèbres. Composant un «à la manière d'Aristophane» éblouissant, il parodie mythes d'origine et mythes étiologiques, évoque une cosmogonie fantastique, très proche de celle que le poète lui-même composa dans *Les Oiseaux,* la comédie aérienne et fantaisiste créée en 413 – à une heure particulièrement

---

1. L'éloge de l'amour prononcé par Eryximaque a souvent été considéré par les critiques comme le type même du discours de pédant, creux et vaniteux. Pour une réévaluation de ses propos, voir L. Edelstein, «The Role of Eryximachus in Plato's Symposium», *Trans. and Proceedings of the American Philological Association,* 76, 1945, pp. 85-103, étude dont nous nous inspirons ici.

sombre de l'histoire d'Athènes –, et parvient à rendre
compte ainsi de la diversité des goûts sexuels des
humains et des misères de l'amour. Aux origines,
raconte-t-il, existaient trois races ou trois espèces
d'humains : l'homme double, la femme double et
l'androgyne. Dans ce cosmos originel, ces êtres d'une
forme parfaite, ronds comme des œufs, ou plutôt
comme des sphères, ont chacun leur correspondant
astral : le soleil pour les hommes doubles, la terre pour
les femmes doubles et, pour les androgynes, la lune.
Formant un tout équilibré et complet, aptes à des bon-
dissements jubilatoires et sans fin, ils sont bientôt en
proie à l'orgueil, à l'*hubris*, et osent défier les dieux.
Comment les châtier ? Zeus est soucieux car il ne souhaite ni anéantir les humains ni tolérer leur faute. Il
trouve bientôt la solution : il coupera ces êtres primi-
tifs en deux ; ce qui est aussitôt fait. Chaque moitié,
désormais inquiète de sa moitié perdue, ne rêve que de
reconstituer l'unité originelle. Qui est issu de l'androgyne cherchera une moitié du sexe opposé ; qui est issu
de l'homme double ou de la femme double sera nécessairement homosexuel. Cette vision aristophanesque
de l'instinct sexuel compris comme aspiration à une
forme d'intégrité originelle, ne pouvait manquer –
après que Marsile Ficin et la Renaissance néoplatoni-
cienne l'eurent sans peine christianisée[1] – de frapper
Freud qui y fit plusieurs fois allusion dans ses écrits[2] ou

---

1. La faute d'*hubris,* la violence des hommes sphériques pouvait aisément être interprétée comme l'image du péché originel ; l'un comme l'autre
rendent compte des malheurs de la nature humaine, de sa chute – ou, ici,
de sa mutilation –, et de son aspiration à retrouver un bonheur perdu.
2. Voir S. Freud, *Au-delà du principe de plaisir* (trad. fr. Jankélévitch),
Paris, 1963, pp. 72-77 ; et les deux allusions de l'*Abrégé de psychanalyse*
(trad. fr. Berman), Paris, 1964, p. 8, et de *Trois Essais sur la théorie de la
sexualité,* Paris, 1964, p. 18, où Freud déclare : «Nous trouvons la meilleure
interprétation de la notion populaire de pulsion sexuelle dans la légende
pleine de poésie selon laquelle l'être humain fut divisé en deux moitiés –
l'homme et la femme – qui tendent depuis à s'unir par l'amour.» On pourra
consulter l'étude de Luc Brisson qui a tenté de comparer les positions
d'Aristophane et de Freud sur la bisexualité dans l'article intitulé
«Bisexualité et médiation en Grèce ancienne» paru dans la *Nouvelle Revue
de Psychanalyse,* VII, 1973, pp. 27-48.

Lacan [1]. On ne soulignera jamais trop le brio de ce morceau où l'imagination visuelle – qu'on songe à l'évocation de la démarche acrobatique des hommes sphériques! – le dispute au sens de la parodie épico-mythique (*cf.* les interventions de Zeus et d'Apollon) et au jeu de la répétition et de l'accélération comiques (par exemple avec l'hypothèse plaisante du sectionne-ment répété des humains qui risquent ainsi d'être «réduits bientôt à sauter sur une seule jambe, à cloche-pied»). Création fantastique qui préserve la cohérence dans l'absurde, jeu sur les références littéraires et phi-losophiques[2], tout contribue à laisser de cet humain, désormais plein de regrets, à la recherche non de l'âme-sœur mais du corps-jumeau, – son *sumbolon*[3] –, une image impérissable.

Au sein même de cette représentation «horizon-tale», purement physique, de l'érôs-instinct sexuel, deux thèmes fondamentaux se font jour, thèmes que reprendra Diotime :

– le thème de l'intentionnalité de l'amour, ici pour la première fois défini comme quête liée à un manque ;

– le thème du désir de retrouver l'antique nature, un état connu dans un très lointain passé et dont chacun garde confusément le regret.

À ces deux idées, ici présentées dans une perspec-tive horizontale, la révélation de Diotime donnera un sens nouveau en les réinterprétant dans la perspective

---

1. Le *Livre VIII du Séminaire* de Jacques Lacan (séminaire de 1960-1961) consacre sa première partie à un commentaire du *Banquet* intitulé «Le ressort de l'amour» (cf. p. 29 à 194).

2. Échos et différences entre le mythe d'Aristophane et Empédocle ont été analysés par Jean Bollack lors d'une communication présentée à une réunion de l'Association des études grecques dont le résumé est paru in *REG*, 1962, pp. IX-X.

3. *Cf. Le Banquet*, 191d : «Chacun de nous est donc le signe de recon-naissance (le *sumbolon*) de quelqu'un, ayant été coupés en deux comme de vulgaires soles ; et nous passons notre vie à chercher notre moitié (ou : notre signe de reconnaissance, notre "symbole").» Le *sumbolon,* objet de bois, ou de céramique coupé en deux, que deux hôtes gardaient chacun de son côté, permettait ainsi de garantir et reconnaître les liens d'hospi-talité et assurait l'amitié de ceux qui possédaient chacun des morceaux.

d'une progression verticale, en montrant que l'objet vers lequel nous guide l'amour, l'objet «qui nous guérit et nous élève à la parfaite félicité» (193d) n'est rien d'autre que «le Beau» conçu comme indissociable du Bien (201c).

5. *Le discours d'Agathon,* 194e-197e

Après le poète comique, c'est le tour du poète tragique, Agathon, le héros de la fête, le fin connaisseur du langage qui se joue des rythmes et des rimes[1]. Le nouvel orateur, qui estime que ses prédécesseurs ont plus souvent analysé les dons de l'amour que sa nature, propose d'abord une nouvelle définition de l'ordre et du contenu du discours; il précise «les règles de son dire»: au prologue qui fixe la méthode succède l'exposé argumenté ou *diégèse*. Agathon indiquera d'abord ce qu'est l'amour – non pas tant, cependant, son identité, sa nature, que ses qualités – puis énumérera ses dons, les bienfaits de l'amour. Le discours remplit fidèlement ce programme.

L'évocation de l'amour présente une image tout à la fois opposée et complémentaire de celle que proposait Phèdre dans son discours; ce n'est plus l'Erôs ancien et primordial mais un Erôs jeune et resplendissant à l'image du poète. Développant une variation superlative sur le thème du *kaloskagathos,* Agathon dépeint un dieu «très beau et très bon»; il est très beau puisqu'il est jeune et «fuit la vieillesse, son naturel ennemi»; il est délicat et «n'élit pour séjour qu'une âme au tendre cœur»; il est encore fluide, harmonieux, gracieux et «ne séjourne qu'en lieux fleuris et parfumés». Doué d'une beauté parfaite, l'amour réunit aussi toutes les vertus. Il est juste puisqu'il ne souffre pas la violence, ne l'exerce ni ne la subit. Il est tempérant puisqu'il triomphe de tous les plaisirs, nul plaisir n'étant plus fort

---

1. Peu nous est parvenu de l'œuvre du poète Agathon. Pierre Lévêque a réuni les témoignages et fait revivre la figure de ce poète tragique, élève de Gorgias, dans son *Agathon,* Paris, 1955.

que l'amour – on notera ici le sophisme ! Il est courageux, car l'amour possède Arès lui-même, le maître du
courage – nouveau sophisme ! Il est enfin plein de
science et de sagesse, capable de créer la vie et la
beauté, et fut le maître des principaux dieux : Apollon,
les Muses, Héphaïstos, Athéna et jusqu'à Zeus.

Quant aux dons qu'Amour accorde aux humains, la
liste en est dressée dans une suite de litanies d'Erôs,
accumulation verbale, cliquetis de mots, fourmille-
ment de qualifications où se perd le logos, dont le
contenu conceptuel reste mince mais dont la musica-
lité et le rythme envoûtent.

Mystérieux discours, fidèle écho de l'opinion grecque
qui, traditionnellement, valorise la beauté, comme le
révèlent les inscriptions pédérastiques qu'on peut lire
sur les vases[1]. «Beau discours» qui, non sans un certain narcissisme, chante un Erôs jeune et beau, objet
d'amour – erôs érômène –, à l'image même du «bel
Agathon», l'aimé de Pausanias. Mais discours aussi qui
mentionne, en son centre, la liste systématisée des
quatre vertus platoniciennes – justice, tempérance, courage, sagesse –, et consacrerait, par cette présence de
traces de socratisme mal assimilé, l'échec d'un premier
essai de rhétorique philosophique[2].

Par ailleurs, ce discours de l'élève de Gorgias – parodie des créations du sophiste –, dont le cadre argu-
mentatif est affirmé avec force et qui allie à une logique
syllogistique le charme séducteur d'une composition
musicale et poétique, montre comment l'art de la persuasion fait violence à la raison et pose ainsi le problème des rapports entre la persuasion *(peithô)* et la

---

1. De cette fierté grecque de la beauté du corps les témoignages sont
nombreux dans les textes, d'Homère à Pindare et au-delà. Nous rappel-
lerons seulement les propos de Critobule dans *Le Banquet* de Xénophon :
«Si réellement je suis beau (...) alors, je le jure par tous les dieux, je
n'échangerais pas ma beauté contre l'empire du Grand Roi» *(Le Banquet,*
IV, 11).

2. Ainsi s'expliquerait le jeu d'échos qui unit le discours d'Agathon à
celui de Diotime et le fait, aussi, qu'ils annoncent et suivent le même plan
(voir *infra,* pp. 25-26).

violence *(bia)* [1]. *Kalos logos,* parole argumentative, ou plutôt publicitaire[2] –, cet éloge tourne le dos au discours vrai. Les deux affirmations clés qu'il contient – qu'Erôs est un dieu et qu'Erôs est beau – appelleront une double correction de la part de Diotime-Socrate qui établira, en premier lieu, qu'Erôs n'est pas un dieu mais un démon, et ensuite qu'Erôs n'est pas beau mais que l'Amour est amour du beau. Quant à Alcibiade, il présentera sous peu, en Socrate, le philosophe laid et va-nu-pieds, l'erôs – sujet du désir *(erôs erôn),* et non plus objet du désir *(erôs erômenos),* l'antithèse parfaite du portrait d'Agathon. Si, comme le soulignait Nietzsche, Socrate est «le premier Grec à être laid», c'est sans doute que l'affirmation de l'exigence de beauté intérieure devait s'accompagner de la laideur physique pour briser la force de l'opinion commune, de la *doxa* grecque.

A l'issue de ce discours c'est pourtant l'admiration qui l'emporte : les applaudissements sont unanimes. Socrate, cependant, au cours d'un intermède plein d'ironie, avoue sa stupeur et son embarras; décontenancé par la magie verbale du disciple de Gorgias, qu'il ne peut d'ailleurs s'empêcher d'imiter *(cf.* la parodie de 198a), il est à deux doigts de renoncer : il découvre soudain qu'il ignore décidément tout de l'art de l'éloge, il

---

1. Sur la violence exercée par le discours, on lira «l'éloge du discours» que composa Gorgias, maître d'Agathon, morceau qui fait partie de son *Éloge d'Hélène.* Gorgias entreprend, dans ce plaidoyer, d'innocenter Hélène : si Hélène a suivi Pâris, c'est que les dieux ou le destin le voulaient ainsi; ou bien elle a été enlevée de force, ou convaincue par la parole, ou encore vaincue par l'amour. Dans aucun de ces cas elle n'est coupable puisqu'elle subissait l'action d'une force puissante. La puissance magique de la parole l'égale aux dieux, à la force ou à l'amour : elle subjugue l'âme et nul ne peut lui résister :

«La parole est un tyran puissant, elle qui, à partir de l'être physique le plus petit et le moins visible, exerce l'action la plus divine. Car la parole peut faire cesser la crainte, dissiper la peine, susciter la joie, faire croître la pitié» (Gorgias, *Éloge d'Hélène,* § 8, D. K. Vors. B XI).

2. Sur le lien entre parole sophistique et discours publicitaire, voir l'étude de R. Laufer, «Système de légitimité, marketing et sophistique» in *Le Plaisir de parler, Actes du colloque de Cerisy,* éd. par B. Cassin, Paris, 1986, pp. 209-235.

ne sait que dire la vérité ; il est donc tout à fait incapable de couvrir le dieu de louanges à seule fin d'impressionner les ignorants[1]. Son discours, s'il doit le faire, sera bien différent de ceux qui ont précédé : ce sera le discours privé d'art d'un homme privé de beauté, qui se bornera à proposer des « paroles de vérité ».

*
* *

DEUXIÈME PARTIE : *Socrate et Diotime,* 199b-212c

L'examen dialectique préalable

Avant d'entamer ce discours d'un genre différent, Socrate en pose les bases au cours d'une discussion avec Agathon. Ce bref examen dialectique établit deux points :

a) l'amour est toujours amour de quelque chose ; il est relatif à un objet ; il est intentionnel,

b) l'amour ne peut être amour que de ce dont il est dépourvu. La beauté n'est donc pas un attribut de l'amour : c'est ce à quoi l'amour aspire.

Ces deux points, pour avoir été établis au cours de l'entretien dialectique, doivent être considérés désormais comme nécessaires (et non plus seulement « vraisemblables »). La logique du raisonnement (et non la seule séduction de la parole) exerce ici sa contrainte sur l'esprit. Concluons : si donc l'amour est amour du beau, lui-même ne saurait être beau, ni bon (car ce qui est bon est beau, 201c). Sur ces bases le discours de Diotime peut commencer.

---

1. Le mystérieux pouvoir de l'orateur qui lui permet « à lui qui ne sait rien, de paraître, devant des ignorants, plus savant que ceux qui savent » est dénoncé avec insistance par Platon dans le *Gorgias*. Voir, en particulier, 458e-459e.

Le discours de Diotime, 201d-212c

1. *Les Petits Mystères*[1]

Le plan de l'exposé, tel qu'il est annoncé par Socrate, apparaît simple et clair. Il reprend, non sans un discret hommage, celui annoncé par Agathon : Diotime indiquera ce qu'est l'amour – c'est-à-dire quel il est (qualité) mais aussi *ce* qu'il est (son essence) – et son utilité pour les humains. Mais le discours progresse d'un point à l'autre, par glissement, au sein d'une structure complexe.

La nature de l'amour est d'abord établie par une discussion entre Socrate et Diotime : l'amour qui n'est ni délicat ni beau, ni savant ni ignorant, ni mortel ni dieu, est un être intermédiaire[2] (en grec : *metaxu*), un démon. La nature démonique d'Erôs est ensuite explicitée par un mythe qui raconte sa naissance. Ce nouveau récit mythique, qui se veut un écho des évocations imagées des éloges précédents, révèle plusieurs traits de la nature d'Erôs. Conçu le jour des noces d'Aphrodite, Erôs est lié à la déesse de l'amour et de la beauté. Fils de Pauvreté *(Pénia)* et de Ressource *(Poros)*, Erôs est l'incarnation même de l'union des contraires. Fils de Pauvreté, il est sale, va-nu-pieds, dort aux portes et en

---

1. La révélation de Diotime comporte, comme l'initiation aux mystères d'Éleusis, plusieurs étapes. Les Petits Mystères représentent un premier degré de l'initiation, indispensable pour se présenter aux Grands Mystères... Les Grands Mystères avaient lieu six mois plus tard... duraient dix jours. «Ils se terminaient par l'*époptie*, cérémonie finale consistant en la révélation aux mystes arrivés au terme de leur initiation, des objets sacrés ou «hiera» enfermés jusque-là dans le Télestérion.» Pour des indications supplémentaires sur les Mystères, *cf.* L. Bruit Zaidman et P. Schmitt Pantel, *La Religion grecque,* Paris, 1989, p. 95 *sqq.,* à qui nous empruntons l'essentiel des informations qui précédent. Sur Éleusis on peut encore consulter, outre l'étude ancienne de Paul Foucart, *Les Mystères d'Éleusis,* Paris, 1914, les travaux de G. E. Mylonas, *Eleusis and the Eleusinian Mysteries,* Princeton, 1961 ou K. Clinton, *The Sacred Officials of the Eleusinian Mysteries,* 1974.

2. Sur cette notion voir J. Souilhé, *La Notion platonicienne d'intermédiaire dans la philosophie des dialogues,* Paris, 1919, que nous suivons ici.

plein air ; mais le fils de Ressource tient de son père mille et un tours : chasseur habile, actif et plein d'allant, retors, charlatan, magicien et sophiste, toujours à l'affût, il ne lâche pas sa proie. En sacrifiant ainsi au thème de la généalogie d'Erôs, Diotime corrige et redresse les discours de ses prédécesseurs ; elle montre qu'Erôs n'est pas un dieu mais un « démon ». Elle substitue à la notion d'Erôs double que posait Pausanias, l'idée d'un Erôs intermédiaire, assurant l'union des contraires. Elle complète et réoriente l'analyse d'Aristophane : l'amour, comme le suggérait le comique, est en quête de ce qui lui manque et lui est propre ; mais ce manque, ce désir de trouver son bien propre, doit être défini comme désir non de soi-même mais du Beau, du Bien, de l'Immortalité. De même, le lien que postulait Agathon entre Erôs et beauté est lui-même réorienté.

Non content de compléter, corriger ou transposer les données des discours précédents, le discours de Diotime ébauche encore le parallèle entre Erôs et le philosophe, Erôs et Socrate, qui s'épanouira dans la troisième partie du dialogue.

Il est clair, en tout cas, en ce point du dialogue, que l'amour appartient à la catégorie des intermédiaires – du *metaxu* –, dont on peut donner le schéma suivant (voir page 27) :

Ni mortel, ni dieu immortel, le démon amour est épris d'immortalité ; placé entre sagesse et ignorance, il est tourné vers le savoir comme il aspire à la beauté. Réalité, savoir, beauté, immortalité, toutes les fins visées appartiennent à un seul et même horizon ontologique vers lequel s'oriente l'amour.

On découvre ainsi que le désir d'immortalité est au cœur de l'amour. Cette quête de l'immortalité peut s'exprimer par le corps, enracinée qu'elle est dans la nature, la *phusis*. Le montre sans ambages l'exemple des animaux, et des mortels que l'instinct pousse à procréer, qui tombent amoureux des femmes et s'assurent une forme d'immortalité par l'enfantement, c'est-à-dire la reproduction de son propre être dans un autre être.

La catégorie des «intermédiaires»
selon le discours de Diotime

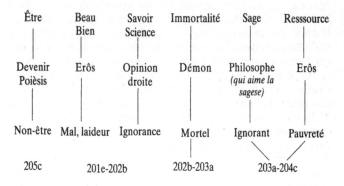

Être	Beau Bien	Savoir Science	Immortalité	Sage	Resssource
Devenir Poièsis	Erôs	Opinion droite	Démon	Philosophe *(qui aime la sagese)*	Erôs
Non-être	Mal, laideur	Ignorance	Mortel	Ignorant	Pauvreté
205c	201e-202b		202b-203a	203a-204c	

Mais, parmi les humains, il en est qui transcendent cette limitation et choisissent d'enfanter selon l'âme. Ce sont, par exemple, les poètes créateurs ou les législateurs, Homère ou Hésiode, Lycurgue ou Solon. Le vocabulaire de la fécondation se fait alors métaphorique pour tenter de traduire ce phénomène de l'Erôs pédagogique dont les fruits, les «enfants», sont «l'intelligence et la vertu tout entière». Le réceptacle de l'enfantement est alors un homme, beau de corps (209a) et d'âme, devant lequel le pédagogue se sent «fécond», «gros», «plein» de propos sur la vertu, propos qu'il enfante bientôt chez le disciple; et, «tous deux nourrissent en commun le fruit de sa fécondité... et ils jouissent en commun de plus beaux et de moins périssables enfants» (209c). Cette représentation platonicienne de l'Erôs pédagogique est une transposition de la pédérastie charnelle qu'évoquaient Phèdre et Pausanias; et l'on mesure la distance qui sépare ici Socrate de cette première forme d'Erôs. L'élan qu'inspire la beauté physique ne doit pousser l'amant qu'à se lancer à la poursuite du Beau et du Bien et à suivre la voie de la philosophie.

On peut se demander, néanmoins, pourquoi Socrate a présenté sa théorie de l'érôs en termes homosexuels. Kenneth J. Dover a tenté de répondre à cette question:

« Dans son milieu, écrit-il, c'était dans une relation homosexuelle plutôt que dans une relation hétérosexuelle qu'on pouvait faire l'expérience d'un érôs passionné et il allait absolument de soi qu'un contact étroit avec un jeune homme plein de beauté, de reconnaissance et d'admiration était une tentation pratiquement irrésistible. Il est également facile de voir pourquoi un érôs qui s'abstient toujours de toute satisfaction physique devait être homosexuel; après tout, les femmes étaient normalement là pour être inséminées tandis que l'opinion publique se faisait une image romanesque des relations homosexuelles, applaudissait à la chasteté de l'aimé (ou *érôménos*) et au pur dévouement de l'amant (ou *érastès*) [1]. »

Quoi qu'il en soit de l'influence du comportement sexuel des Athéniens du ve et du ive siècle sur la forme que prit la philosophie de Platon, il est clair que l'idée d'une fécondation spirituelle par l'érôs peut aisément être mise en relation avec la maïeutique socratique telle qu'elle est définie dans le *Théétète* :

– Socrate. « Tu es en butte aux douleurs de l'enfantement, mon cher Théétète, parce que ton âme n'est pas vide mais grosse. »

– Théétète. « Je ne sais pas, Socrate, je te dis seulement ce que j'éprouve. »

– Socrate. « Eh bien, jeune innocent, n'as-tu pas entendu dire que je suis fils d'une vaillante et vénérable sage-femme, Phénarété ? (…) Mon art d'accoucheur comprend toutes les fonctions que remplissent les sages-femmes; mais il diffère du leur en ce qu'il délivre des hommes et non des femmes et qu'il surveille leurs âmes en travail et non leur corps… Ceux qui s'attachent à moi, bien que certains d'entre eux paraissent au début complètement ignorants, font tous, au cours de leur commerce avec moi, si le dieu le leur permet, des progrès merveilleux, non seulement à leur jugement mais à celui des autres. Et il

---

1. K. J. Dover, *L'Homosexualité grecque*, p. 201.

est clair comme le jour qu'ils n'ont jamais rien appris de moi et qu'ils ont trouvé eux-mêmes, en eux, beaucoup de belles choses. Mais s'ils en ont accouché, c'est grâce au dieu et à moi.

Et voici ce qui le prouve. Plusieurs déjà, méconnaissant mon assistance et s'attribuant à eux-mêmes leurs progrès sans tenir aucun compte de moi, m'ont quitté plus tôt qu'il ne fallait. Loin de moi, sous l'influence de mauvais maîtres, ils ont avorté tous les germes qu'ils portaient en eux; et ceux dont je les avais accouchés, ils les ont mal nourris et les ont laissés périr, parce qu'ils faisaient plus de cas de mensonges et de vaines apparences que de la vérité...» (*Théétète* 148e *sqq.*).

On distinguera cependant cette image de Socrate-accoucheur de celle de Socrate-amant *(érôn)*. Lorsqu'il se compare à la sage-femme, Socrate souligne son ignorance, son *amathia;* comme l'accoucheuse, stérile nécessairement, il ne peut que poser les questions pour accoucher les pensées dont sont grosses les âmes des jeunes gens. Au sein de l'amour philosophique, au contraire, la relation entre amant et aimé fait naître dans l'âme de l'aimé les hautes pensées, les *logoi* féconds, les paroles de beauté qui guident vers la connaissance du Beau, de l'Être et du Bien[1]; procréer dans la beauté n'est finalement rien d'autre que devenir savant. L'action d'Erôs s'accomplit dans cette aspiration à la sagesse, à la philosophie. C'est là sa véritable fin, son *télos*. Platon n'évoque dans *Le Banquet* ni

---

1. On songe au texte de la fin du *Phèdre* où Platon évoque le bonheur du philosophe «quand, pratiquant l'art dialectique et une fois qu'on aura mis la main sur une âme appropriée à cette pratique, on y plante ou sème des discours qu'un savoir accompagne, discours qui sont capables de se porter assistance à eux-mêmes ainsi qu'à celui qui les a plantés, et qui au lieu d'être stériles ont en eux une semence à partir de laquelle pousseront, en d'autres naturels, d'autres discours, en mesure de procurer à chaque fois ce même effet, impérissablement, et de donner à qui obtient ce résultat le plus haut degré de félicité auquel un homme puisse atteindre» (276e-277a).

l'immortalité de l'âme, ni l'anamnèse (c'est-à-dire le souvenir de la contemplation par l'âme immortelle, avant son incarnation, de ces entités éternelles et immuables que sont les Formes – ou les Idées –, du Beau, du Vrai, du Bien). Il faut se reporter à deux autres dialogues, le *Phèdre* et *La République,* pour découvrir que, dans la perspective platonicienne, l'âme immortelle a toujours existé et qu'avant d'être unie à un corps et plongée dans le monde du devenir, elle a pu contempler ces Formes dans le monde de l'Être et en garde le souvenir. Dans *Le Banquet,* Erôs est simplement présenté comme l'aspiration, la force qui, traduisant le manque inhérent à notre monde du devenir, nous entraîne vers le monde de l'Essence. L'opinion d'Aristophane selon laquelle l'amour est la quête par un individu de sa «moitié» perdue est ainsi explicitement rejetée par Diotime :

> «Il existe une théorie d'après laquelle ceux qui sont amoureux sont ceux qui sont en quête de l'autre moitié d'eux-mêmes; mais ce que soutient ma théorie, c'est que l'érôs n'est pas érôs de la moitié ou du tout, à moins qu'il ne soit une chose bonne... Sûrement, les gens ne chérissent pas ce qui est leur à moins qu'on n'appelle bon ce qui nous est propre et ce qui est nôtre, et mauvais ce qui nous est étranger; car il n'est rien dont les hommes soient amoureux si ce n'est le Bien.» (205d-e)

De même le sacrifice d'Alceste à Admète, le dévouement d'Achille pour Patrocle répondent, selon Diotime, au désir d'acquérir pour toujours une gloire immortelle :

> «Crois-tu donc qu'Alceste serait morte pour Admète, qu'Achille aurait suivi Patrocle dans la mort... s'ils n'avaient espéré s'assurer cet immortel renom de vertu qui est resté vivace jusqu'à nous? Tant s'en faut! Je crois au contraire que c'est dans l'espoir d'immortaliser leur vertu par une renommée glorieuse, que les hommes, et d'autant plus généreusement qu'ils sont meilleurs, sont prêts absolument à tout; car ce qu'ils aiment, c'est l'immortalité.» (208d)

Parvenue à ce point de sa révélation, Diotime marque une pause :

« Tels sont, Socrate, les mystères de l'amour auxquels tu pourrais toi-même être initié ; mais le dernier degré et la révélation à laquelle conduit la droite voie, j'ignore s'ils sont à ta portée. Je n'en continuerai pas moins à parler avec la même ferveur, et, si tu le peux, tâche de me suivre jusque-là ! » (209e-210a)

2. *Les Grands Mystères,* 210a-212c[1]

La « voie droite vers les *érôtika* », que décrit alors Diotime, comporte cinq étapes :

« La seule façon correcte de s'initier ou d'être initié aux mystères de l'amour est précisément de commencer par les beautés de ce monde et de s'élever sans cesse, comme par degrés, à cette beauté-là, d'un beau corps à deux, de deux à l'ensemble, de la beauté des corps à celle des actions, de celle des actions à celle des connaissances, pour aboutir enfin à une connaissance dont l'objet n'est autre que cette Beauté-là, et enfin apprendre ce qu'est le Beau en soi. » (211c)

La première étape est donc la découverte de l'universalité du Beau incarnée dans le sensible ; et l'on comprend mieux dès lors pourquoi Erôs joue un rôle si important dans ce système ; c'est que, comme le souligne le *Phèdre* (250d), de toutes les réalités qui font naître le désir *(érasta),* la beauté est la seule qui soit directement perçue par les sens, si bien que la vue d'un bel objet est le moyen le plus immédiat dont nous disposions pour accéder au monde de l'Être. L'ascension qui s'ébauche ainsi progresse d'étape en étape jusqu'à ce que « soudain[2] », au terme de cette initiation,

---

1. Voir *supra*, p. 25, note 1.
2. Pour un essai d'interprétation de la « soudaineté » de ces apparitions et une étude de la notion d'*exaiphnes* (« soudain », en grec) chez Platon avec un relevé complet des occurrences, voir J.-F. Mattéi, *L'Ordre du monde,* Paris, 1989, pp. 133-141.

on discerne une «beauté d'une nature merveilleuse», beauté éternelle – donc étrangère au monde du devenir –, et absolue – c'est-à-dire étrangère à toute forme de détermination relative : temps, lieu, aspect, etc. Cette vision (ou époptie) d'un amour transcendant, point culminant du discours de Diotime, est célébrée, négativement puis positivement, dans une prose poétique d'une abstraction extrême, une sorte d'hymne :

«... beauté éternelle qui ne connaît naissance ni mort, accroissement ni diminution ; beauté qui n'est point belle en ceci, laide en cela, ni belle un jour et pas le suivant, belle sous tel rapport et sous tel autre laide, belle ici et laide ailleurs, belle pour toi et laide pour moi ; beauté qui n'apparaît point avec un visage ou des mains ou quoi que ce soit de charnel, qui n'est pas non plus une parole ou une connaissance, pas davantage un être distinct, vivant au ciel ou sur la terre, ou tout autre être imaginable ; mais qui reste en elle-même identique à elle-même éternellement elle-même, cependant que les choses belles y participent, mais sans que leur naissance ou leur mort ne lui enlèvent ni ne lui ajoutent rien, sans qu'elles l'altèrent en aucune façon. » (211a-b)

En mettant cette révélation dans la bouche de la prêtresse Diotime, Platon suggère le lien entre philosophie et inspiration, lien sur lequel il reviendra dans le *Phèdre*[1]. Comme le souligne un critique :

«Puisque l'amour est dans son essence l'aspiration de la nature mortelle vers l'immortalité, puisqu'il est grand parmi tous ces démons qui sont le trait d'union entre les hommes et la divinité, il était naturel que cette fonction fût reconnue par quelqu'un dont la mission fût précisément de servir à la divinité d'interprète auprès des hommes. »[2]

---

1. *Cf.* en particulier *Phèdre,* 244b *sqq.* et 275b–c où la mantique, expression primitive de la vérité, est opposée aux prétentions savantes des jeunes.
2. Nous citons ici Léon Robin, Notice de l'édition du *Banquet* publiée dans la *C. U. F.,* p. XXIV.

On a souvent tenté d'expliquer le choix du masque de Diotime par des considérations sociales, un souci d'urbanité. De fait, l'entretien de Socrate et de Diotime suit immédiatement la conversation entre Socrate et Agathon qui tournait à la confusion du jeune poète. Socrate, en soulignant que le langage aujourd'hui tenu par Agathon est celui-là même qui fut le sien, jadis, face à Diotime, et en se faisant petit garçon devant la prêtresse, ménage à la blessure d'amour-propre de son hôte tous les apaisements souhaitables. Kenneth J. Dover souligne, pour sa part, que si les raisons qu'eut Platon de mettre une telle présentation de l'amour dans la bouche d'une femme restent peu claires, ce fait établit cependant de manière indubitable que l'éloge de la pédérastie ainsi prononcé est désintéressé, à la différence des éloges qu'en faisaient Pausanias et Phèdre dans leurs discours[1]. Peut-être...

Mais si Socrate s'efface ici derrière l'Étrangère de Mantinée, comme Platon, dans d'autres dialogues, recourt au masque de l'Étranger, ne serait-ce pas plutôt pour rester fidèle à l'image d'un Socrate qui ne sait rien[2], ne peut tenir de discours positif ni livrer aucun savoir ? Au contraire, le mode de communication indirecte dont Platon fait choix en introduisant Diotime permet à la fois d'interroger et d'enseigner. « Sophiste accompli » (208c), la prêtresse manie aussi bien l'art des questions et réponses que le discours suivi : rhéteur et dialecticien tout à la fois, Diotime apparaît comme une incarnation de l'orateur-philosophe évoqué à la fin du *Phèdre*. De plus, l'exposé de la prêtresse qui présente Erôs comme un grand démon capable d'établir un lien entre sensible et intelligible, entre corps et âme, entre mortalité et immortalité, sans pour autant s'élever par une démarche dialectique jusqu'à la contemplation

---

1. K. J. Dover, *L'Homosexualité grecque,* p. 198, note 11.
2. Sur cette « absence de savoir » ou *amathia* essentielle à la figure de Socrate, voir les remarques pénétrantes de M. Gourinat, dans l'article « Socrate était-il un ironiste ? », *Revue de Métaphysique et de Morale*, 3, 1986, pp. 339-353.

des Formes intelligibles, se meut dans le champ propre au mythe platonicien : Diotime semble bien ici le masque de Platon[1] ; elle est un professeur d'amour philosophique qui se révèle aussi, comme Aspasie dans le *Ménéxène,* professeur d'éloquence philosophique[2].

Sommet du dialogue, le discours de Diotime en constitue aussi le point focal. Car non content de compléter, transposer ou corriger, comme on l'a vu, les discours qui ont précédé, il préfigure encore le portrait de Socrate que dresse Alcibiade dans la dernière partie du *Banquet* et lui donne comme un écho amplifié et mythique.

*
* *

TROISIÈME PARTIE : *l'éloge de Socrate par Alcibiade,* 212c-233c

Le Banquet pourrait se terminer avec les dernières paroles de Diotime, quand Alcibiade, couronné de violettes, à la tête d'une troupe de joyeux fêtards escortés d'une joueuse de flûte[3] et déjà passablement éméchés, fait irruption dans la maison d'Agathon. Il se joint au banquet. Mais au lieu de prononcer un nouvel éloge de l'amour, il choisit de faire l'éloge de Socrate. La substitution de Socrate à Erôs comme destinataire de l'éloge suggère d'emblée l'analogie entre les deux personnages. De fait, dans le portrait qui suit, nombreux sont les traits qui rappellent l'Erôs évoqué par Diotime. Premier écho d'importance qui unit les deux derniers discours : le discours d'Alcibiade, comme celui de Socrate, se veut discours de vérité :

1. C'était déjà l'avis d'Aristote qui soulignait que la doctrine enseignée par Diotime était platonicienne et non socratique.
2. Sur le rapprochement entre Aspasie et Diotime, *cf.* Wilamowitz, *Platon,* II, p. 174.
3. Sur la présence ou l'absence de la joueuse de flûte comme critère de distinction entre les types de banquets, voir notre Introduction et le texte du *Protagoras* cité *supra,* p. 6.

«Je dirai la vérité», proclame Alcibiade; et se tournant vers Socrate : «Convenons, d'ailleurs, que, si je fais quelque entorse à la vérité, tu auras toute licence de m'interrompre pour me dire où j'aurai menti...» (214e)

Alcibiade commence en évoquant, par des images, la nature déroutante, – l'*atopia* –, de Socrate. La figure de Socrate est ambiguë, presque inquiétante; il n'est ni beau, ni soigné, ni élégant et rappelle ces Silènes, impudents et paillards, que l'on rencontre dans la suite de Dionysos. Mais, telles les boîtes en forme de Silènes, qui, si on les entrouvre, laissent apparaître les figurines des dieux, l'apparence de Socrate n'est qu'un masque et cache sa nature d'enchanteur divin. C'est cette nature qu'Alcibiade a découverte, comme Socrate le contraint à l'avouer :

«Sans doute auras-tu vu en moi une beauté peu commune et infiniment supérieure à la grâce qui est la tienne... une beauté réelle et non une apparence de beauté.» (218e)

Comme Erôs, l'éternel vagabond, en quête de la vraie beauté, Socrate fait naître dans l'âme des jeunes gens l'aspiration à la beauté et au savoir. Laid comme Marsyas, mais, comme lui, séducteur, il se proclame amoureux de tous les beaux jeunes gens, de Charmide, de Lysis, d'Euthydème ou d'Alcibiade[1]. En réalité :

«Pas plus qu'il ne se soucie de la beauté d'un homme, pour laquelle son mépris est à peine croyable, il ne s'inquiète de sa richesse ou d'aucun de ces honneurs dont rêve le vulgaire, considérant que tous ces biens n'ont aucune valeur.» (216e)

---

1. Sur cette profession d'amoureux de Socrate réaffirmée dans *Le Banquet* (177d) : «moi qui prétends ne m'y connaître qu'en amour», les témoignages ne manquent pas. Citons le *Charmide* où Socrate avoue : «à peu près tous les jeunes gens de cet âge me semblent beaux» et poursuit : «mais... quand il me regarda dans les yeux – oh quel regard ! – et fit un mouvement comme pour m'interroger, quand tout le monde vint se ranger autour de nous, c'est alors que je vis à l'intérieur de son manteau, que je fus enflammé et que je ne me possédai plus» *(Charmide,* 155c-e). Voir aussi *Protagoras* 309a et, dans *Le Banquet* de Xénophon, la déclaration : «je ne peux penser à un temps où je n'étais pas amoureux» (8, 2).

Nombreux sont ainsi ceux qu'il a bernés «en faisant l'amoureux (l'*érastès*) quand c'était toujours lui le bien-aimé (l'*éromenos*)» (222b).

Rude, malpropre et va-nu-pieds, il fascine par sa beauté intérieure :

«Il passe son temps à faire le naïf et le gamin avec les gens ; mais quand il s'ouvre et devient grave, je ne sais si personne a jamais vu les statuettes cachées dedans ; moi, je les ai vues un jour, et elles m'ont semblé si précieuses, si divines, si parfaitement belles et si merveilleuses que, du coup, j'en ai perdu le pouvoir de m'opposer dès lors un seul instant à aucune de ses volontés.»

Telle est l'ironie amoureuse de Socrate[1], ce magicien, et le renversement[2] des valeurs auquel il invite : pour qui prend soin de son âme et ressent l'appel du Bien et du Beau, peu importent apparence, costume, confort, ou puissance.

Comme Erôs est robuste et tenace, Socrate sait résister au froid et à la faim, à la peur, aussi bien. Ainsi était Socrate aux armées, endurant le gel comme la chaleur et concentré, plongé dans sa méditation, à Potidée, calme et plein d'assurance quand les Athéniens devaient faire retraite, à Délion ; Socrate se révèle décidément inclassable, *atopos*. En Socrate, qui sait qu'il n'est ni beau ni sage, les autres hommes trouvent et aiment un appel, l'aspiration à la sagesse, à la beauté. C'est là le secret de la fascination qu'il exerce.

Le récit d'Alcibiade permet de mieux comprendre comment Socrate, à partir de l'emprise affective qui est la sienne, réussit à faire naître chez son interlocuteur le sentiment de son dénuement et à le tourner ainsi vers la sagesse :

«Dans quel état m'ont mis et me mettent encore ses paroles ? C'est bien simple : je ne peux pas l'écouter sans que le cœur ne me batte pis qu'aux corybantes et que ses propos ne m'arrachent des larmes !...

---

1. Voir l'article de M. Gourinat, cité *supra*, p. 33, note 2.
2. Sur «*Le Renversement platonicien*», voir la thèse que Henri Joly consacra sous ce titre à l'étude des dialogues, publiée à Paris en 1974.

… Figurez-vous qu'il me contraint à reconnaître que, malgré mes insuffisances, je préfère me mêler des affaires des Athéniens à m'occuper des miennes ! Me voilà donc forcé de me sauver en me bouchant les oreilles… Et puis, c'est le seul homme devant qui, le croirait-on de moi ? je rougisse. Oui, c'est devant lui seul qu'il m'arrive d'éprouver de la honte. » (215e ; 216a-b)

Hommage admirable de Platon qui réussit ici à évoquer par l'écriture l'expérience de la fascination socratique[1], indissociable de la psychagogie philoso-phique, de ce mouvement de tension douloureuse de l'âme, éveillée par le tourment auquel elle est en proie[2] et ainsi orientée vers le Beau et le Bien.

Cette image du philosophe au banquet, de Socrate au milieu de tout ce qui compte à Athènes, au milieu des plaisirs du vin et de l'amour réunis, cette image de Socrate fêté et couronné, est sans doute une nouvelle riposte aux railleries d'Aristophane et une réponse aux accusations qu'avaient suscitées les relations du philo-sophe avec Alcibiade. Mais c'est beaucoup plus encore.

Car c'est, en dernière analyse, dans la figure de Socrate, dans le portrait éclaté de sa présence insaisis-sable et multiforme que le dialogue trouve son unité.

Arrivé tard au banquet, demeurant longtemps silen-cieux, effacé derrière Diotime quand son tour de parole arrive, Socrate semble, au premier abord, res-ter en retrait dans ce dialogue. Pourtant sa présence est constamment sentie ou évoquée. Référence obligée,

---

1. Sur ce portrait de Socrate par Platon, *cf.* P. Hadot, « La figure de Socrate », *Eranos,* 43, 1974, pp. 51-91, repris dans le recueil, *Exercices spi-rituels et philosophie antique,* Paris, 1981 ; 2e éd. 1987.
2. *Cf.* l'aveu d'Alcibiade : « Ses propos m'arrachent des larmes » (215e) et la comparaison qu'il ébauche entre lui et un homme mordu par une vipère : « J'ai été mordu par quelque chose de plus venimeux que la vipère, et au point le plus sensible qui se puisse… Cœur, âme, appelez ça comme vous voudrez ! Oui, c'est là que j'ai été blessé et mordu par les paroles de la philosophie qui, plus virulentes que la vipère lorsqu'elles s'en prennent à une âme neuve et point sans talent, finissent par lui faire dire et faire n'importe quoi… » (217e-218a)

Socrate est d'abord peint – ou mimé – par ses deux disciples, ces ombres de Socrate que sont Apollodore et Aristodème. Absent, c'est de lui que chacun s'inquiète ; à peine arrivé, il est l'objet privilégié de l'attention du héros du jour, Agathon, avec lequel s'ébauche une joute de savoir ; si bien que tout, très tôt, aussi bien l'enchâssement des prologues que la rivalité avec Agathon, et bientôt la place de la révélation de Diotime, au centre du dialogue, contribue à faire de Socrate le personnage central du banquet, avant même le discours d'Alcibiade qui le propulse au premier plan.

Nœud dramatique du récit et son aboutissement, la figure de Socrate est aussi le pivot de la réflexion philosophique qui oppose aux orateurs-sophistes soumis au goût du vraisemblable, aux apparences, l'homme du discours vrai, seul apte à dégager l'intentionnalité de l'amour, à découvrir en lui le désir universel de la possession éternelle du Beau et du Bien.

Percer le mystère de l'amour revient à éclairer le mystère de Socrate, norme vivante et concrète, médiateur entre l'idéal transcendant de la sagesse et la réalité humaine. Belle laideur et docte ignorance, telle est la disparité de la séduction socratique qui répond à la duplicité érotique. Cette contradiction du dénuement et de la plénitude se résout dans l'élan du cheminement dialectique si bien que *Le Banquet* apparaît alors, au même titre que la plupart des dialogues, comme un protreptique à la vie philosophique. N'est-ce pas le triomphe de la philosophie sur toute forme d'ivresse ou de création que mettent en scène les dernières lignes du dialogue ?

« ... les derniers éveillés étaient Agathon, Aristophane et Socrate, buvant encore dans une grande coupe qu'ils se passaient de gauche à droite. Socrate les entretenait [...]. Socrate les amenait à reconnaître qu'il appartient au même homme de composer tragédie et comédie et qu'un bon poète tragique est aussi poète comique. Eux se laissaient faire, ne suivaient plus très bien, s'assoupissaient doucement. Aristophane fut le premier à s'endormir, puis, le jour venu, Agathon l'imita. Socrate, les ayant ainsi amenés au sommeil, se leva pour partir… »

Tel est le jugement de Dionysos qu'invoquait Agathon au début du dialogue (175e). Il consacre la victoire de Socrate sur son rival en sagesse, le jeune poète dans l'éclat de sa récente gloire. Mais la fin énigmatique du *Banquet* ne laisse-t-elle pas entrevoir un projet analogue à celui du *Phèdre* ? Le philosophe, qui est le seul véritable orateur, n'est-il pas aussi le seul poète, comique aussi bien que tragique, parce qu'il a *seul* la science de l'âme ?

La postérité du *Banquet*

Le Banquet de Platon eut un large retentissement dans l'histoire de la littérature et de la pensée en Occident.

L'œuvre fut d'abord à l'origine d'un genre littéraire[1]. Toute une série de *Banquet* suivirent, à commencer par *Le Banquet* de Xénophon dont les critiques s'accordent à penser aujourd'hui qu'il est postérieur au dialogue de Platon et vise à le corriger ou le nuancer. Une œuvre portant ce titre figure dans le catalogue des écrits d'Aristote. De Plutarque nous sont parvenus, outre un *Erotikos* et le *Banquet des Sept Sages,* neuf livres de *Propos de table* ou *Sumposiaka.* Et l'on peut encore citer les *Deipnosophistes* d'Athénée et les six livres de *Saturnales* de Macrobe.

Le retentissement culturel du *Banquet* fut sans doute plus important encore. Plotin (204-270) donna avec l'*Ennéade I, 6 Sur le Beau* et l'*Ennéade III, 5 Sur l'Amour*[2] un commentaire allégorique au *Banquet* et l'école néo-platonicienne sera le grand inspirateur du mysticisme dans ses traditions païenne et chrétienne.

Le Banquet platonicien trouva, à la Renaissance, une nouvelle jeunesse et une nouvelle postérité avec la traduction latine de Marsile Ficin et son commentaire[3]. On connaît l'anecdote selon laquelle Laurent de Médicis fonda un nouveau *Banquet* et une nouvelle

---

1. Sur l'histoire de ce genre littéraire, on peut consulter J. Martin, *Symposion, Die geschichte einer Literarischen Form,* Paderborn, 1931.
2. Sur l'*Ennéade III, 5,* voir la traduction et le commentaire de P. Hadot, *Plotin, Traité 50* : «L'amour est-il un dieu, ou un démon, ou un état de l'âme ?», Paris, 1991.
3. *Cf.* R. Marcel, *Marsile Ficin, Commentaire sur le Banquet de Platon,* Paris, 1956.

Académie en faisant représenter un 7 novembre, date supposée de la naissance et de la mort de Platon, le dialogue du *Banquet*. Il confia à chacun de ses hôtes le soin d'interpréter l'un des discours dans la traduction récente de Ficin. Nombreux sont au XVIe siècle, en Italie comme en France, les écrivains et poètes influencés par ce néo-platonisme renaissant. Citons Maurice Scève, Louise Labé, Marguerite de Navarre, etc.

Si l'on en croit Denis de Rougemont, l'idéal d'«amour platonique», où il voit une composante majeure de l'amour en Occident, aurait été favorisé dès le Moyen Age par l'idéalisme néo-platonicien des cathares[1]. Cependant ce dualisme[2], soulignons-le, ne fut pas, à l'origine, le fait de Platon pour qui, comme on a vu, la découverte de la beauté dans les corps est la première étape de l'ascension vers la contemplation du Beau[3].

---

1. Denis de Rougemont, *L'Amour et l'Occident,* Paris, 1939.

2. S. Pétrement, *Le Dualisme chez Platon, les gnostiques et les manichéens,* Paris, 1947.

3. Comme le souligne P. Hadot qui oppose sur ce point Plotin à Platon : «Chez Platon, l'amour de la beauté du corps et de l'âme est le moyen privilégié, indispensable de l'expérience philosophique, parce que l'activité spirituelle de l'homme s'exerce dans un corps. Plongés dans le monde du devenir, nous ne pouvons percevoir directement le monde des Valeurs, la Vérité et la Pensée pures. Seule la vision amoureuse d'un beau corps nous permet d'entrevoir l'existence d'une beauté absolument belle, indépendante de la corruption et du temps... L'expérience de l'amour sublimé fait donc partie intégrante de l'itinéraire philosophique (...). Chez Plotin, l'amour des corps n'est qu'une des voies possibles de la montée vers la beauté transcendante et vers le Bien.» Introduction au *Traité 50* de Plotin, *op. cit. supra,* p. 40, note 2.

ORIENTATIONS BIBLIOGRAPHIQUES

Pour notre révision de la traduction de Philippe Jaccottet et plus encore peut-être pour notre commentaire, nous avons constamment consulté les éditions, traductions et commentaires du *Banquet* qui se sont succédé depuis 1875. Nous n'avons fait figurer dans la bibliographie que les plus importants d'entre eux. Le lecteur curieux se reportera à l'*Année Philologique* ou aux bibliographies platoniciennes établies par H. Cherniss, «Platon 1950-1957» in *Lustrum* 4, 1959 et 5, 1960; par L. Brisson, «Platon 1958-1975», *Lustrum* 20, 1977; «Platon 1975-1980», *Lustrum* 26, 1984; «Platon 1980-1985», *Lustrum* 30, 1988... Il nous a paru inutile et vain de signaler l'existence de difficultés paléographiques et de variantes dans la tradition dans la mesure où elles n'affectaient pas gravement l'interprétation du dialogue et où le lecteur n'ayant sous les yeux ni le texte grec retenu, ni son apparat critique, ne semblait pas à même d'apprécier ce témoignage d'érudition. «Le lecteur paléographe» se reportera à la récente édition du texte établie par P. Vicaire qui fait le point sur ces questions.

ÉDITIONS DU *BANQUET*

R. G. BURY, *The Symposium of Plato,* Cambridge, 1909.
K. J. DOVER, *Plato, Symposium,* éd. avec introduction et commentaire, Cambridge, 1980.
L. ROBIN, Platon, *Le Banquet,* Texte établi et traduit, *in* Platon, *Œuvres complètes,* t. IV, 2, Paris, 1929; Nouvelle édition par P. Vicaire, avec la collaboration de J. Laborderie, 1989.

ÉTUDES ET COMMENTAIRES

Ouvrages généraux sur Platon

A. Diès, *Autour de Platon,* Paris, 1926.

M. Dixsaut, *Le Naturel philosophe, Essai sur les Dialogues de Platon,* Paris, 1985.

L. Festugière, *Contemplation et vie contemplative selon Platon,* Paris, 1950.

P. Friedlander, *Plato : An Introduction,* New York, 1964.
Plato : The Dialogues, I et II, New York, 1968.

V. Goldschmidt, *Les Dialogues de Platon,* Paris, 1947.
La Religion de Platon, Paris, 1970.

H. Joly, *Le Renversement platonicien,* Paris, 1974.

J. Laborderie, *Le Dialogue platonicien,* Paris, 1978.

J. Moreau, *Le Sens du Platonisme,* Paris, 1967.

R. Schaerer, *La Question platonicienne,* Neuchâtel, 1938.

Études portant sur Le Banquet

La plupart des études utiles au commentaire du *Banquet* sont citées voire discutées dans nos notes. Nous nous contentons de mentionner ici :

D. Babut, « Peinture et dépassement de la réalité dans *Le Banquet* de Platon », *Revue des Études Anciennes,* 82, 1980, pp. 5-29.

V. Brochard, « Sur *Le Banquet* de Platon », *in Études de Philosophie Ancienne et de Philosophie Moderne,* Paris, 1954.

F. M. Cornford, « The Doctrine of Erôs in Plato's Symposium », *in The Unwritten Philosophy,* Cambridge, 1950.

T. Gould, *Platonic Love,* Londres, 1963.

M. Gourinat, « Socrate était-il un ironiste ? » *R. M. M.,* 3, 1986, pp. 339-353.

P. Hadot, « La Figure de Socrate », *Eranos,* 43, 1974, pp. 51-91, repris *in Exercices spirituels et philosophie antique,* Paris, 1981 ; 2e éd. 1987.

J.-F. Mattéi, « Le Symbole de l'amour dans *Le*

Banquet de Platon», *in Herméneutique et Ontologie, Hommage à P. Aubenque,* Paris, 1990, pp. 55-77.

R. MARCEL, *Marsile Ficin, Commentaire sur* Le Banquet *de Platon,* Paris, 1956.

L. ROBIN, *La Théorie platonicienne de l'amour,* Paris, 1908.

S. ROSEN, *Plato's Symposium,* New Haven et Londres, 1968.

J. SOUILHÉ, *La Notion platonicienne d'intermédiaire dans la philosophie des dialogues,* Paris, 1919.

Le Banquet

Personnages du prologue

Apollodore
Un de ses amis

*

Personnages du dialogue

Aristodème
Socrate
Agathon
Phèdre
Pausanias
Eryximaque
Aristophane
Alcibiade

PROLOGUE

APOLLORE[1] — *Un de ses amis*

Apollodore : Je crois n'être pas mal placé pour **172 a**
satisfaire votre curiosité. L'autre jour, en effet, je
me trouvais monter de ma maison de Phalère[2] à
la ville quand j'entends, loin derrière moi, un
plaisantin de mes amis qui sans doute m'avait
reconnu : – Hé toi! Apollodore, citoyen de
Phalère, vas-tu pas m'attendre? Je m'arrêtai, et
lui : – Figure-toi, Apollodore, que j'étais en train
de te chercher pour te soutirer quelques détails
sur cette soirée où Socrate, Alcibiade et quelques
amis se réunirent chez Agathon[3], et sur les dis- **b**
cours qu'on y a consacrés à l'Amour. Quelqu'un
m'a bien rapporté ce que lui en avait dit Phénix,
fils de Philippe, et ce quelqu'un te prétendait
informé toi aussi. Mais tout cela était si vague
que je compte désormais sur toi, d'autant que
personne n'y a plus de droits qu'un aussi grand
ami de Socrate. Mais dis-moi tout d'abord si tu y
étais toi-même ou non. – Décidément, il faut
que ton homme ait été bien vague pour que tu
te figures cette soirée si récente que j'aie pu en **c**
être! – Ma foi... – Voyons, Glaucon! Ignorerais-
tu qu'il y a quelques années déjà qu'Agathon n'est
plus à Athènes et que, moi, il n'y a pas trois ans
que je hante Socrate et me suis fait un devoir
quotidien de ne jamais perdre un seul de ses faits
et dires? Auparavant, je me laissais vivre et me
croyais fort capable; quand je n'étais que le plus
malheureux des hommes, tout comme tu l'es **173 a**
encore, toi qui vas maudissant la philosophie! Et
lui : – Plutôt que de te moquer, si tu me disais
quand donc eut lieu cette réunion! – Ce fut
(nous autres étions encore enfants) lorsque

Agathon remporta le prix de tragédie avec sa première pièce, le lendemain du jour où il offrit
le sacrifice de victoire en compagnie de ses cho-
reutes[4]. – Eh! voilà qui remonte fort loin,
semble-t-il! Mais qui t'en a parlé? Serait-ce Socrate
lui-même? – Pardieu, non! répliquai-je, mais
b l'homme de ton Phénix, un certain Aristodème[5]
de Cydathène, un petit, toujours nu-pieds. Lui,
qui était alors, je crois bien, un des plus grands
amoureux de Socrate, avait assisté à la réunion.
Cela ne m'a pas empêché d'interroger encore
Socrate sur tel ou tel détail de son récit, et il me
l'a toujours confirmé. – Eh bien! dit Glaucon,
qu'attends-tu? Aussi bien la route qui mène à la
ville est-elle l'endroit rêvé pour causer tout en
marchant.

Ainsi devisâmes-nous de ces choses en chemin,
et c'est pourquoi, comme je vous le disais tout à
c l'heure, je ne me crois pas mal placé pour en
parler. Et, puisque vous tenez tant à ce récit, je
m'exécuterai! D'ailleurs, je dois avouer que parler, ou entendre parler philosophie, sans même
considérer le gain que j'en escompte, me remplit
à tout coup de joie; tandis qu'il est de certaines
conversations, surtout celles de vos richards et
de vos affairistes, qui littéralement m'assomment; et vous me faites pitié, vous leurs amis, de
vous croire bons à tout quand vous ne l'êtes à
rien! De votre côté, peut-être me trouvez-vous
d fort malheureux et je veux bien croire que vous
êtes dans le vrai; n'empêche! que ce soit vous,
les malheureux, je ne le crois pas… j'en suis sûr!

L'ami : Tu es toujours le même, Apollodore!
toujours à vitupérer tout le monde, et toi le
premier! M'est avis que tu ne vois homme au
monde qui ne soit malheureux, sauf Socrate, et à
commencer par toi! C'est à se demander ce qui
a bien pu te valoir ton surnom de «tendre»; car
tu ne prononces pas un mot qui ne soit d'exas-
pération contre toi-même ou les autres, Socrate,
bien sûr! mis à part.

Apollodore : Eh oui! mon très cher! et naturel- **e** lement, si je nous juge tels, c'est que je divague, que je perds la tête, n'est-ce pas?

L'ami : Allons! Apollodore, ce n'est pas le moment de chicaner là-dessus. Satisfais plutôt notre curiosité en nous rapportant ces discours!

Apollodore : Eh bien! en voici à peu près la teneur... Mais le mieux est que je reprenne au commencement le récit d'Aristodème[6]... **174 a**

Voici donc ce qu'il me contait :

LE RÉCIT D'ARISTODÈME

«Comme j'avais rencontré Socrate sortant du bain et chaussé de sandales, ce qui n'était pas dans ses habitudes, je lui demandai où il allait pour s'être fait si beau. Il me répondit : – Souper chez Agathon! Hier, à la fête pour sa victoire, je lui ai fait faux bond, par crainte de la cohue, mais avec la promesse d'être là aujourd'hui; je me suis donc mis en frais, histoire d'être digne d'un aussi beau garçon. Mais toi, que penserais-tu de m'accompagner à ce souper, malgré l'absence d'invitation? Je lui répondis : – J'en ferai **b** à ta guise, Socrate. – Suis-moi donc, que nous fassions un peu mentir, en le déformant, le proverbe : *Aux repas des tragédiens* (non! *des gens très bien), seuls s'invitent les gens très bien*[7]. À vrai dire, je crains fort qu'Homère n'ait fait pis et l'ait carrément contredit quand, après avoir dépeint Agamemnon comme un vrai foudre de guerre et Ménélas comme un piètre combattant, **c** il fait venir ce dernier, sans y être invité, au repas qu'offre Agamemnon après le sacrifice, lui le pire, au festin du meilleur[8]. À ces mots, Aristodème aurait répondu : – Peut-être bien risqué-je moi aussi, Socrate, d'être non pas l'homme de bien que tu dis, mais le médiocre d'Homère qui va manger à la table du sage sans y être invité! Songe donc, si tu m'emmènes, à me trouver quelque excuse, car je ne conviendrai jamais

d d'être venu de mon propre mouvement! –
Ensemble donc, en collaboration[9], nous prépare-
rons notre défense. Mais allons!

Après avoir échangé ces propos, poursuivait
Aristodème, nous nous mîmes en route. Or, chemin faisant, Socrate, qui s'était absorbé en lui-
même, resta un peu en arrière; et, comme je
l'attendais, il me pria de continuer. Arrivé devant
e la maison d'Agathon, j'en trouvai la porte ouverte;
une plaisante aventure m'attendait. En effet, un
esclave sortit aussitôt à ma rencontre pour me
conduire où étaient installés les convives que je
trouvai déjà sur le point de souper; sitôt qu'il
m'eut aperçu, Agathon s'écria : – Aristodème, tu
arrives à point pour te joindre à nous; si quelque
autre affaire t'amenait, fais-moi la grâce de la
remettre à plus tard! Hier, d'ailleurs, je t'avais
cherché partout pour t'inviter... Mais, Socrate?
Comment se fait-il que tu ne nous l'amènes pas?
Je me retourne : plus de Socrate! J'expliquai que
j'étais pourtant venu avec lui, que c'était même
lui qui m'avait décidé. – Et tu as fort bien fait!
dit Agathon. Mais où peut-il bien être? – Il était
175 a encore derrière moi à l'instant; je me demande
moi aussi où il sera passé. – Va voir! dit Agathon
à un esclave, et ramène-le-nous! Et toi, Aristodème, prends place ici, à côté d'Eryximaque. À
ce moment, continua-t-il, comme un garçon me
lavait les pieds pour me permettre de m'étendre,
un autre accourut, annonçant que ce monsieur
Socrate, réfugié dans le vestibule des voisins,
y restait planté sans vouloir écouter ses appels.

– Que me chantes-tu là? dit Agathon. Cours
b l'appeler et ne le laisse pas filer! – Non, non!
laissez-le, intervins-je, c'est son habitude de s'iso-
ler ainsi et de rester planté où bon lui semble. Il
ne tardera pas. croyez-moi. Ne le dérangez pas. – À
ton gré, dit Agathon. Et vous, garçons,
régalez-nous! Il suffit que personne ne vous
surveille, ce que, pour ma part, je n'ai jamais pu
faire, pour que vous nous serviez n'importe

comment; ce soir donc, regardez-nous, moi et mes amis, comme vos invités, et traitez-nous de **c** manière à vous attirer nos éloges!

Là-dessus, continuait Aristodème, nous nous mettons à table; mais toujours pas de Socrate! Agathon voulait à tout moment envoyer à sa recherche, mais je l'en dissuadai. Enfin il arriva, et même avec moins de retard qu'à l'ordinaire, encore qu'on fût déjà au milieu du souper. Et Agathon (qui se trouvait seul sur le lit du bout) : – Viens ici, Socrate, prends place à mes côtés, **d** que je puisse à mon tour, rien qu'en te touchant, bénéficier des sages pensées qui te sont venues dans le vestibule! Nul doute en effet; tu as trouvé le fil, tu le tiens! Sinon, tu y serais encore! Socrate alors s'assit et dit : – Comme ce serait beau, Agathon, si la sagesse était chose qui pût couler de l'esprit le plus plein dans l'esprit le plus vide à la seule condition qu'ils fussent en contact, comme l'eau, par l'entremise d'un brin de laine, passe de la coupe la plus pleine dans celle qui l'est le moins. S'il en est ainsi de la sagesse, quelle chance d'être ton voisin! Je pour- **e** rai près de toi faire mon plein de sagesse, de belle et bonne sagesse : car la mienne, hélas! doit être assez piètre, ambiguë comme sont les rêves, tandis que la tienne, resplendissante et promise au plus bel avenir, auréole ta jeunesse et, hier encore, éclatait aux yeux de plus de trente mille Grecs! – Tout doux, Socrate! dit Agathon. Nous porterons cette affaire de sagesse tout à l'heure devant le tribunal, toi et moi, et Dionysos[10] en sera juge. Pour le moment, songe plutôt à manger.

Là-dessus, poursuivait Aristodème, quand **176 a** Socrate se fut installé et que tout le monde eut fini, les libations, les hymnes et les autres rites achevés[11], on se mit en devoir de boire. Pausanias aurait été le premier à prendre la parole, en ces termes : – Veillons, messieurs, à ne boire qu'à loisir. Car je vous avouerai que je me sens plutôt

mal en point de notre beuverie d'hier, et que j'ai
besoin de souffler un peu! J'imagine qu'il en va
de même pour la plupart d'entre vous, puisque
vous en étiez aussi! Tâchez donc à trouver le
b moyen de boire sans trop de grabuge. Aristophane, alors, s'écria : – Là, Pausanias! tu fais
fort bien de nous proposer quelque répit : car
moi aussi j'ai bu hier comme une éponge! À ces
mots, Eryximaque, fils d'Acoumène[12], intervint :
– Vous parlez d'or. Mais il me faut aussi consulter l'un de vous : Agathon, te sens-tu en état de
c boire? – Loin de là, je ne suis plus de taille! –
Quelle chance nous aurions, Aristodème, Phèdre,
ces messieurs et moi-même, si les grands buveurs
abdiquaient à leur tour! Car nous ne sommes
jamais à la hauteur. Socrate, je n'en parle pas :
fort buveur et fort abstinent, quoi que nous
fassions, il s'en arrangera. Ainsi donc, puisqu'il
semble qu'aucun de vous ne se sente porté ce
soir aux excès de boisson, je me permettrai, sans
craindre pour une fois de vous être trop désa-
gréable, de vous dire franchement ce que je pense
de l'alcoolisme; je crois en effet qu'il ressort
d avec évidence de l'étude de la médecine que
l'éthylisme est préjudiciable à l'homme; et comme,
personnellement, je m'en voudrais de pousser les
choses trop loin, je me garderais de le recom-
mander aux autres, surtout quand on a la tête
encore appesantie des excès de la veille. – Pour
moi, interrompit alors Phèdre de Myrrhinonte[13],
tu sais que je t'écoute toujours, surtout quand tu
invoques la médecine; et, s'ils sont raisonnables,
les autres suivront mon exemple. À l'ouïe de ces
e paroles, tout le monde s'entendit à ne pas employer
la soirée à s'enivrer, mais à ne boire qu'à loisir.

– Puis donc, reprit Eryximaque, qu'il est
entendu que chacun pourra boire à sa guise, et
sans aucune contrainte, je vous propose d'envoyer promener la joueuse de flûte (qu'elle flûte
toute seule ou, si elle y tient, pour les femmes de
la maison!), tandis que nous passerons cette

soirée en entretiens; mais sur quel thème, direz-vous. Permettez-moi de vous en soumettre un. Tous, selon Aristodème, se déclarèrent d'accord. Eryximaque poursuivit : – J'emprunterai mon **177 a** exorde à la *Mélanippe*[14] d'Euripide : *car ce discours n'est pas de moi*, mais bien de Phèdre ici présent. Ce dernier, en effet, ne perd pas une occasion de me dire son indignation : "N'est-il pas surprenant, Eryximaque, me dit-il, que de tous les poètes qui ont su composer tant d'hymnes et de péans pour d'autres dieux, aucun n'ait eu **b** un mot d'éloge pour un dieu aussi grand, aussi vénérable que l'Amour? Songe d'autre part aux bons sophistes[15], par exemple au grand Prodicos[16], qui écrivent des hommages en prose à Héraclès ou autres demi-dieux. Et ce n'est rien encore quand je pense à ce livre d'un savant homme où je suis tombé sur un étonnant éloge du sel et de son utilité! Et on en pourrait lire bien d'autres du même acabit. Dire qu'on s'est **c** échiné sur de telles fariboles et que personne jusqu'ici n'a osé célébrer l'Amour comme il se doit : a-t-on idée d'une pareille négligence envers un tel dieu!" Sur ce point, Phèdre me semble avoir raison. Je désire donc trouver le moyen d'être agréable à l'Amour en lui payant mon écot, et je pense que, pour nous tous, le moment serait bien choisi de le célébrer. Si ce thème vous agrée, nous aurons là de quoi passer le temps : **d** car il faudrait alors, selon moi, que chacun d'entre nous, en allant de gauche à droite, pro-nonçât le plus bel éloge possible de l'Amour, en commençant par Phèdre, puisqu'il occupe la première place et qu'on lui doit, de plus, la paternité de ce thème. – Personne, Eryximaque, dit alors Socrate, ne votera contre ta proposition. En tout cas, comment me récuserais-je, moi qui prétends ne m'y connaître qu'en amour, et comment Agathon et Pausanias[17] se récuseraient- **e** ils, et notre Aristophane partagé entre Aphrodite et Dionysos, et tous ceux que j'aperçois ici?

Toutefois la partie ne sera pas égale, pour nous qui sommes aux dernières places. Enfin, pourvu que nos prédécesseurs disent bien tout ce qu'il faut dire, nous nous estimerons contents. Commence donc ton éloge, Phèdre, et bonne chance!»

Ces paroles obtinrent l'approbation générale, et chacun mêla les siens aux vœux de Socrate. **178 a** Sans doute Aristodème ne se souvenait-il pas de tout ce qu'avait dit chacun des orateurs, et n'ai-je moi-même retenu que l'essentiel de son récit : je ne vous rapporterai donc de chaque discours que ce qui m'en a semblé digne de mention.

Comme je l'ai dit, le premier à parler, d'après Aristodème, fut donc Phèdre[18], qui commença à peu près en ces termes :

DISCOURS DE PHÈDRE

«C'est une grande divinité que l'Amour, digne de l'admiration des hommes et des dieux, à toutes sortes de titres, dont le moindre n'est pas sa naissance.

b Être l'un des plus anciens parmi les dieux, poursuivit-il, est un honneur; et la preuve de cette ancienneté, c'est qu'on ne trouve mention de ses parents ni chez les prosateurs, ni chez les poètes. Hésiode affirme que c'est le Chaos qui fut d'abord,

Terre aux larges flancs, puis assise sûre à jamais Offerte à tous les vivants, et Amour[19]...

Il fait donc naître, immédiatement après le Chaos, ces deux divinités : Terre et Amour. Quant à Parménide, voici ce qu'il dit de sa naissance :

De tous les dieux, l'Amour fut le premier qu'elle [conçut...

Acousilaos[20] partage le sentiment d'Hésiode. **c** Ainsi s'accorde-t-on de divers côtés à voir en l'Amour l'un des plus anciens dieux.

Outre son ancienneté, il est pour nous la source des plus grands biens. Ne comptez pas sur moi pour prétendre qu'il y ait, pour l'adolescent, un plus grand bien qu'un amant de valeur et, pour un amant, qu'un enfant favori. Le principe qui doit guider, leur vie durant, les hommes destinés à vivre selon le beau, ni la famille, ni les honneurs, ni l'argent ne peut nous l'inculquer mieux que l'amour. Et par ce principe, qu'est-ce que j'entends? La honte liée aux actions laides, l'ambition liée aux actions belles; hors de quoi il est impossible à la cité comme à l'individu d'accomplir de grands et beaux ouvrages. J'affirme donc qu'un homme qui aime, surpris en train de commettre une vilenie ou de ne pouvoir par lâcheté se défendre d'en subir une, ne souffrira jamais autant de l'avoir été par son père, ses camarades ou qui que ce soit, que par son favori. Tout de même, nous observons que l'aimé surpris en flagrant délit de vilenie n'est jamais plus honteux que si c'est par son amant. Si l'on pouvait donc imaginer une cité ou une armée faite de pareils couples, on ne saurait quelle meilleure constitution leur rêver, puisqu'ils se garderaient de toute action laide et rivaliseraient dans l'ambition du bien; ni comment, combattant côte à côte, de pareils soldats, même peu nombreux, ne vaincraient pas, en quelque sorte, le monde entier. Pour un homme qui aime, en effet, perdre pied ou jeter les armes sous les yeux de son amour serait pire que de le faire sous les yeux de toute l'armée; sans doute préférerait-il mille fois la mort; quant à abandonner ou négliger de secourir son aimé dans le péril, il n'est pas d'homme si mauvais que l'Amour ne l'enflamme alors de courage à l'égal du plus naturellement brave. Et vraiment, cette force dont Homère dit[21] que la divinité l'insuffle au cœur des héros, c'est elle que l'Amour dispense de lui-même aux amants.

J'irai plus loin : mourir l'un pour l'autre, il

n'est que ceux qui aiment pour le vouloir; et
non seulement parmi les hommes : parmi les
femmes aussi. De cette affirmation, la fille de
Pélias, Alceste[22], apporte pour la Grèce une preuve
suffisante : elle, la seule à vouloir mourir à la
place de son époux, alors que celui-ci avait
c encore son père et sa mère, dont l'affection fut
si inférieure à cet amour conjugal qu'ils semblè-
rent n'avoir d'autres liens avec leur fils que le
nom; et cette action qu'elle fit parut si belle non
seulement aux hommes, mais aux dieux, qu'un
privilège accordé à bien peu, parmi tous les
auteurs de belles actions : voir son âme remonter
d de l'Hadès, ils l'accordèrent à cette femme, tant
son action leur parut admirable. Où l'on voit que
les dieux eux-mêmes honorent par-dessus tout le
dévouement et la vertu par amour. Alors que de
ce même Hadès, ils renvoyèrent Orphée, le fils
d'Œagre, les mains vides, en ne lui montrant, au
lieu de la femme qu'il était venu chercher, que
son fantôme; parce qu'il leur avait semblé, en
vrai joueur de cithare, d'âme un peu veule et
que, loin d'accepter de mourir par amour comme
Alceste, il avait tout essayé pour pénétrer vivant
dans l'Hadès. Voilà sans doute pourquoi ils l'ont
condamné à mourir de la main des femmes[23],
e alors qu'ils ont honoré le fils de Thétis, Achille,
en l'envoyant aux îles des Bienheureux; celui-ci,
en effet, bien qu'averti par sa mère qu'il mourrait
s'il tuait Hector, mais, s'il s'en abstenait, revien-
drait vivre au pays jusqu'à un âge avancé[24], n'en
osa pas moins choisir de secourir Patrocle, son
amant, et de le venger, c'est-à-dire non seulement
de mourir pour lui, mais de le suivre aussitôt
180 a dans la mort. Du coup, transportés d'admiration,
les dieux l'ont honoré d'honneurs exceptionnels,
pour avoir mis son amant à si haut prix.

Quant à Eschyle, il radote vraiment[25] en vou-
lant faire d'Achille l'amant de Patrocle, alors qu'il
était plus beau non seulement que Patrocle mais
que tous les autres héros, et encore imberbe, par

conséquent beaucoup plus jeune, comme l'affirme Homère[26]. Non : s'il est vrai que les dieux honorent plus que toute autre vertu celle qu'inspire l'amour, ils admirent, respectent et favorisent bien davantage l'amour de l'aimé pour l'amant **b** que celui de l'amant pour l'aimé ; l'amant est en effet plus divin que l'aimé, puisque le dieu l'habite. Voilà pourquoi, en l'envoyant aux îles Bienheureuses, ils ont fait à Achille plus grand honneur encore qu'à Alceste.

J'affirme donc pour conclure que l'Amour, de tous les dieux, est celui qui a la plus haute ancienneté, la plus grande dignité et le plus grand pouvoir d'accorder la vertu et le bonheur aux hommes, dans la vie comme dans la mort.»

Tel fut à peu près le discours de Phèdre. Après **c** quoi il y en avait eu d'autres qu'il se rappelait mal et qu'il passa donc sous silence pour me rapporter le discours de Pausanias[27] en ces termes :

DISCOURS DE PAUSANIAS

«À mon avis, Phèdre, c'était mal poser le problème que de nous inviter, tout bonnement, à louer l'Amour. Si l'Amour était un, tout irait bien ; mais c'est qu'il ne l'est pas. Il sera donc plus juste de commencer par dire lequel il faut **d** louer. C'est pourquoi j'essaierai de corriger l'erreur en déterminant d'abord à quel Amour ira notre éloge, pour ne l'en louer que mieux par la suite.

Nous savons tous, en effet, qu'Aphrodite et l'Amour sont inséparables. Si elle était une, l'Amour serait un ; puisqu'elle est double, l'Amour sera double aussi. Personne ne niera en effet qu'il n'y ait deux Aphrodite[28] : l'une, l'aînée, je crois, fille du Ciel mais sans mère, que nous dénommons Céleste ; l'autre, la cadette, fille de Zeus et de Dioné, notre Aphrodite vulgaire. D'où s'ensuit nécessairement une distinction entre leurs deux **e**

servants : l'Amour vulgaire et l'Amour céleste. Et
je veux bien qu'il faille louer tous les dieux; mais
sachons au moins ce qui leur revient à chacun.

181 a Allons plus loin : nulle action en soi n'est belle
ni laide; ainsi, de tout ce que nous sommes en
train de faire, boire, chanter ou converser, il n'est
rien qui soit beau en soi : car la valeur d'une
action dépend de la manière dont elle est accom-
plie. Elle sera belle si la manière en est droite et
belle, laide sinon. Il en va de même de l'acte
d'aimer; tout amour n'est point beau, mais celui-
là seul est louable qui incite à aimer bellement.
L'amour qui relève de l'Aphrodite vulgaire est lui
aussi, dans le plein sens du terme, vulgaire, et ne
b se réalise qu'au petit bonheur : c'est un sentiment
pour médiocres. D'abord, il pousse à s'éprendre
des femmes aussi bien que des garçons; ensuite,
à préférer le corps à l'âme; enfin, à se contenter
des objets les plus sots, n'ayant souci que de
l'accomplissement de l'action, non de sa qualité,
belle ou non; on ne s'étonnera pas dès lors que
ces amants-là agissent tantôt bien, tantôt mal,
mais toujours par hasard, puisque leur amour est
inspiré par la plus jeune des deux déesses, et
c qu'en elle l'hérédité a mêlé l'élément mâle à
l'élément femelle. L'Aphrodite céleste, au
contraire, ne contient pas d'éléments femelles et,
plus âgée, elle ignore la démesure; c'est pourquoi ceux qu'elle inspire recherchent le sexe mâle,
naturellement plus robuste et plus intelli-
gent. Et l'on peut même reconnaître, parmi ces
amoureux des garçons, ceux dont l'unique mobile
d est vraiment cet amour-là, à ceci qu'ils attendent,
pour les aimer, l'âge où l'esprit leur vient; c'est-
à-dire, la première barbe. Et, s'ils s'attachent aux
jeunes gens de cet âge, c'est, je suppose, dans
l'intention de leur rester unis et de vivre avec
eux toute leur vie, et nullement de les tromper
plus facilement à cause de leur puérilité ou de
rire à leurs dépens en les abandonnant pour
quelque successeur. On en viendrait même à

souhaiter l'institution d'une loi[29] qui interdît d'aimer les garçons trop jeunes, histoire de ne pas perdre sa peine dans une aventure dont l'issue **e** est toujours incertaine; incertaine, parce que, chez l'enfant, l'âme et le corps restent trop longtemps à hésiter entre le bien et le mal. Sans doute un honnête homme se soumettra-t-il de lui-même à cette loi; mais c'est aux amants vulgaires qu'il faudrait l'imposer, comme on leur interdit, dans la mesure du possible, d'aimer des femmes de condition libre. Eux seuls en effet ont pu **182 a** discréditer l'amour des garçons au point qu'on ose mal juger aujourd'hui celui qui cède à son amant; personne n'y aurait même songé sans lemanque de discrétion et d'honnêteté de ces individus, tant il est vrai qu'aucune action, pour autant qu'elle respecte et les convenances et les lois, ne peut encourir de blâme qui soit vraiment justifié.

Passons à la morale de l'amour. Fort simple dans les autres États où son principe est un, elle est ici plus nuancée. Ainsi en Élide, chez les **b** Béotiens, et là où l'on n'est pas fort éloquent, on a tout simplement décrété qu'il était beau de céder à son amour, et personne, vieux ou jeune, n'y trouve à redire; c'est, je pense, pour s'éviter la peine d'avoir à séduire les jeunes gens par des discours, où ils sont si maladroits. En Ionie, au contraire, comme en beaucoup d'autres régions, la même conduite est jugée honteuse : c'est qu'y dominent les Barbares qui, eu égard à leur régime dictatorial, la condamnent comme ils condamnent la philosophie et le goût de l'exercice physique. Sans doute les maîtres ne tiennent- **c** ils pas à voir se développer chez leurs sujets de ces grands sentiments, de ces amitiés et de ces liaisons durables que l'amour se plaît entre tous à inspirer. Nos tyrans athéniens en ont fait jadis l'expérience, puisque ce fut l'amour d'Aristogiton et l'amitié fidèle d'Harmodios qui leur valurent de perdre le pouvoir[30]. Ainsi, où la morale condamne qui cède à son amant, c'est par la **d** bassesse de ceux qui l'instituent, l'ambition des maîtres et la lâcheté des sujets; là où elle l'approuve sans réserve, c'est par une indolence de l'âme.

Chez nous, en revanche, la règle établie est à la fois beaucoup plus belle et, comme je viens de le dire, plus subtile. On voit d'une part, à y bien réfléchir, que de l'avis de tous il vaut mieux aimer ouvertement qu'en cachette, et de préférence les êtres les meilleurs et les plus nobles, fussent-ils moins beaux que les autres; que, de plus, chacun s'entend à couvrir d'encouragements les amants dont on ne pense donc pas qu'ils agissent mal, les louant s'ils réussissent, les

e méprisant s'ils échouent; qu'enfin notre coutume accorde à l'amant, dans ses entreprises de conquête, toute licence de se livrer avec l'approbation générale à des actes extravagants qui, accomplis à toute autre fin que celle-là, vau-

183 a draient à leur auteur les pires reproches des philosophes; si, par exemple, pour acquérir des richesses, obtenir une charge ou quelque autre forme de pouvoir, un homme s'avisait de faire les mêmes dépenses qu'un amant pour celui qu'il aime, requêtes pleines de supplications et d'implorations, serments, nuits passées sous les fenêtres, jusqu'à cet esclavage volontaire dont aucun esclave ne voudrait, amis et ennemis s'accorderaient à l'en dissuader, ceux-ci blâmant une

b adulation aussi servile, ceux-là le gourmandant, honteux pour lui; tandis que l'amant qui agit ainsi peut compter sur la bienveillance générale et l'indulgent appui d'une coutume qui semble estimer sa conduite irréprochable. Mais le plus fort, s'il faut en croire le dicton, est encore que l'amoureux soit le seul à pouvoir espérer le pardon des dieux s'il se parjure : les serments d'amour, dit-on, ne sont pas des serments. C'est

c ainsi que les dieux et les hommes ont donné toute licence à celui qui aime, et que notre coutume s'en est faite l'expression. On serait donc tenté de conclure qu'en cette ville on ne voit aucun mal à aimer ni à payer de retour son amant. D'un autre côté, quand on voit les pères des jeunes favoris leur imposer des pédagogues dont la consigne est de les empêcher de s'entretenir avec leurs amants, et les pédagogues eux-mêmes réduits au silence, quand on voit leurs camarades, leurs amis les blâmer s'ils s'aperçoivent de quelque liaison de ce genre, et les vieillards laisser dire ces censeurs sans leur **d** reprocher de parler de travers, on se demande, au contraire, si cet amour n'est pas chose fort mal vue en ce pays.

Voici, je crois ce qu'il en est. En cette matière, comme je le disais en commençant, rien n'est simple; rien n'est beau ni laid en soi; une chose bien faite est belle, et laide si elle est mal faite; or, s'il est laid de complaire bassement à une âme basse, il est beau de céder en beauté à quelqu'un de valeur. L'âme basse n'est autre que cet amant vulgaire qui préfère le corps à l'âme; **e** il ne saurait être constant, puisque l'objet de son amour ne l'est point; sitôt fanée la fleur de ce corps qu'il aimait, *il s'envole à tire-d'aile*[31], bafouant ses propres discours et toutes ses promesses. Mais celui qui s'attache à la valeur morale de quelqu'un en reste l'amant toute sa vie, parce qu'il adhère à quelque chose de constant. Or, notre coutume veut qu'on mette les amants **184 a** rigoureusement à l'épreuve, afin de bien savoir s'il faut les fuir ou leur complaire. Voilà pourquoi elle conseille aux uns la poursuite, aux autres la fuite, étant l'arbitre qui décide en cette épreuve quel genre d'amour inspire l'amant ou l'aimé. C'est pour cette raison que l'on déconsidère, premièrement, celui qui est trop prompt à céder, parce que le temps paraît bien être souvent la meilleure pierre de touche; secondement, celui qui se donne à l'argent ou au pouvoir, soit qu'il cède à la crainte des mauvais traitements, soit qu'il voie là un appréciable progrès dans la voie **b** de la fortune ou du succès politique : aucun de ces mobiles, en effet, ne nous paraît assez constant, assez solide pour qu'en naisse jamais une amitié généreuse.

Ainsi nos usages ne laissent-ils plus à un favori qu'un seul moyen de céder à son amant sans encourir de déshonneur.

Ces usages signifient en effet que, si l'esclavage auquel peut se soumettre un amant pour ses amours ne peut lui être imputé à mal, c'est qu'il
c n'est qu'un seul esclavage volontaire qui ne soit pas répréhensible : celui qu'on subit pour la vertu. Il est en effet admis chez nous que, si l'on désire se mettre au service de quelqu'un dont on escompte quelque progrès en sagesse ou en toute autre partie de la vertu, cette servitude, volontaire, n'a rien de honteux ni de vil. Si l'on veut donc qu'il soit beau de complaire à un amant, il suffit de réunir en une seule ces deux lois, celle qui régit l'amour masculin et celle qui concerne
d la recherche de la sagesse ou de toute forme de vertu. Si en effet l'amant et l'aimé se font chacun une loi, le premier de payer les faveurs du second d'autant de services qu'il est licite, et le second de marquer sa reconnaissance à celui à qui il doit sagesse et vertu en l'obligeant dans une mesure égale, si le premier sait apporter sa dot
e d'intelligence ou de vertu et que le second ressente vraiment le besoin d'améliorer son éducation et ses connaissances, alors, en ce point de coïncidence, et en ce point seul, il peut y avoir quelque beauté à se donner à son amant; autrement, il n'en est rien. Dans ce dernier cas, il n'y a pas de honte même à être complètement trompé. En toute autre circonstance, trompé ou non,
185 a cette conduite mérite réprobation. Supposez en effet qu'après avoir cédé à un amant parce qu'on le croyait riche, on soit détrompé et n'en retire rien, l'amant s'étant révélé pauvre, l'action n'en reste pas moins honteuse; car (tous en tomberont d'accord) elle aura prouvé qu'on est capable des

pires bassesses pour un peu d'argent : ce qui n'est pas beau. Supposez de même qu'après avoir cédé à un homme que l'on croyait bon dans l'idée de devenir soi-même meilleur grâce à son amitié, on soit également détrompé, l'amant s'étant révélé vil et sans vertu : même erronée, l'action n'en **b** reste pas moins belle. Là aussi, en effet, elle aura révélé ce que l'on est, un homme avant tout soucieux de progrès moral. Ainsi donc, celui qui cède à son amant par amour de la vertu est toujours à l'abri de tout reproche. Or, c'est à l'Aphrodite céleste que nous devons cet amour, «amour céleste» aussi précieux pour la cité que pour l'individu en ce qu'il exige de l'amant **c** comme de l'aimé une constante attention à la vertu. Quant aux autres amours, abandonnons-les à l'autre déesse, à l'Aphrodite vulgaire.

Voilà, Phèdre, ma part, un peu bien improvisée sans doute, à notre éloge de l'Amour.»

Aristodème continua son récit en ces termes :
«Pausanias ayant fait une pause (ce sont de ces allitérations que les sophistes m'ont apprises[32]), c'était au tour d'Aristophane; mais, pour avoir trop mangé peut-être, ou que sais-je? il fut pris d'un hoquet si violent qu'il ne pouvait plus être question de discours. S'adressant alors à Eryxi- **d** maque, le médecin, assis à sa droite, il lui dit : – Mon cher, il ne te reste plus qu'à me débar-rasser de ce hoquet ou à parler à ma place jusqu'à ce qu'il m'ait passé! – Eh bien! je ferai l'un et l'autre, répondit Eryximaque. Je vais parler à ta place et, quand il t'aura passé, tu prendras la mienne. Pour cela, tu n'as qu'à essayer de retenir ton souffle aussi longtemps que possible; si cela ne suffit pas, gargarise-toi avec de l'eau; et s'il persiste malgré tout, prends **e** quelque chose pour te chatouiller le nez, éternue, et un ou deux bons éternuements couperont ton hoquet, si tenace soit-il. – Dépêche-toi donc de parler, dit Aristophane, que je puisse suivre ton ordonnance!»

DISCOURS D'ERYXIMAQUE

Eryximaque prit alors la parole[33] :

« Il me paraît indispensable, puisque Pausanias, s'il a donné un bel exorde à son discours, n'a pu lui trouver une digne conclusion, d'essayer, moi, **186 a** d'y suppléer. Sa distinction entre les deux amours me paraît, en effet, excellente ; mais la pratique de mon art, la médecine, m'a permis d'observer que cette distinction ne joue pas seulement pour les âmes des hommes et relativement aux beaux garçons, mais relativement à bien d'autres objets et en bien d'autres domaines, pour les corps de tous les animaux, pour tout ce qui croît sur terre et, en un mot, pour l'ensemble des êtres ; c'est **b** dire que ce dieu est un grand, un admirable dieu, dont l'empire s'étend à l'ordre entier des choses, humaines et divines.

Je commencerai par la médecine, et ce sera du même coup rendre hommage à cet art. Notre nature physique comporte ces deux amours : l'état de santé et l'état de maladie sont en effet, de l'avis unanime, deux choses distinctes et dissemblables ; or, les dissemblables désirent et aiment des choses dissemblables. L'amour inhérent à un membre sain n'est donc pas l'amour inhérent à un membre malade. Par conséquent, de même qu'il est beau, comme vient de le dire Pausanias, de complaire aux hommes de bien, et **c** laid de complaire aux licencieux, ainsi est-il beau et nécessaire, dans le domaine des corps, de complaire à ce que chacun d'eux a de bon et de sain (et c'est cela même que fait la médecine), alors qu'il serait laid de complaire à ce qu'ils ont de mauvais et de malade : chose qu'il faut éviter absolument si l'on veut être un bon praticien. La médecine est en effet, pour la définir en deux mots, la science des relations amoureuses du corps à la réplétion et à l'évacuation ; et le plus habile médecin est celui qui sait diagnostiquer

en elles le bon et le mauvais amour; de même **d**
que celui qui peut opérer des transformations
telles que de substituer un amour à l'autre, de
faire naître l'amour dans les corps où il n'y en a
pas quand il devrait y en avoir, ou encore d'en
extirper celui qui s'y trouve mal à propos, est
manifestement un bon praticien. Il s'agit en effet
de susciter l'amitié et l'amour mutuels entre les
éléments du corps les plus hostiles entre eux. Or,
les éléments les plus hostiles entre eux les
plus contraires : le froid et le chaud, l'amer et le
doux, le sec et l'humide et ainsi de suite. C'est
pour avoir su leur imposer l'amour et la concorde **e**
qu'Esculape, notre ancêtre, a été, comme l'affir-
ment les poètes (il y en a parmi nous[34]) et comme
j'en suis convaincu, le fondateur de notre art.

La médecine est donc, je vous l'ai dit, entière-
ment gouvernée par ce dieu. Il en va de même **187 a**
pour la gymnastique et pour l'agriculture. Pour
la musique, il saute aux yeux de chacun, pour
peu qu'on y prête attention, qu'elle a le même
statut; et c'est probablement ce qu'a voulu dire
Héraclite, encore que peu clairement, quand il
affirme que l'Un *se compose en s'opposant à lui-
même, comme l'harmonie de l'arc et de la lyre*[35].
Ce serait une bien grande extravagance d'affirmer
que l'harmonie est une opposition ou qu'elle naît
d'éléments restés opposés. Sans doute a-t-il voulu
dire plutôt qu'elle naît d'éléments, le grave et
l'aigu, d'abord opposés, puis mis d'accord au **b**
moyen de l'art musical; il ne saurait y avoir
d'harmonie entre le grave et l'aigu s'ils restaient
opposés. L'harmonie est en effet une consonance,
et la consonance une sorte d'accord; or, l'accord
d'éléments opposés est impossible aussi longtemps qu'ils restent opposés; comme il est
impossible de faire naître une harmonie de ce
qui s'oppose et ne s'accorde point. Semblable-
ment, le rythme résulte du rapide et du lent,
d'abord opposés, puis accordés. Et de même que **c**
là c'était la médecine, ici c'est la musique qui

impose l'accord à tous ces éléments, en instaurant entre eux l'amour et la concorde; d'où l'on voit que la musique aussi, relativement au rythme et à l'harmonie, est une science des choses de l'amour. Dans la constitution même de l'harmonie et du rythme, il n'est pas difficile de distinguer le rôle de l'amour; car là, il n'en est pas deux. Mais dès que l'on doit mettre le rythme et

d l'harmonie en rapport avec l'homme, soit en créant (dans ce que l'on appelle la composition), soit en faisant un juste usage des mélodies et des mètres ainsi créés (dans ce que l'on appelle l'éducation), les difficultés apparaissent, et la nécessité d'un homme de métier. On retrouve en effet ici le principe selon lequel il faut complaire aux hommes sages, notamment pour le devenir nous-mêmes davantage si besoin est, et préserver leur amour; car c'est lui le bel amour, l'amour

e céleste, l'amour de la Muse Uranie; l'autre est l'amour de Polymnie, l'amour vulgaire, qu'il faut témoigner à ceux à qui il peut l'être avec circonspection, de manière à en goûter les plaisirs sans tomber dans la licence. Tout comme, dans notre art, grande est la difficulté de régler nos désirs de bonne chère, pour en goûter les plaisirs sans risquer la maladie. Vous le voyez : en musique, en médecine comme en tout autre domaine, divin ou humain, il faut tenir compte, autant qu'il est permis, de l'un et de l'autre amour; puisqu'on les y retrouve tous les deux.

188 a L'ordonnance des saisons de l'année est elle aussi gouvernée par ces deux amours; quand les opposés dont j'ai parlé, le chaud et le froid, le sec et l'humide, ont leurs rapports régis par l'amour réglé, et dosent convenablement leur harmonie et leur mélange, ils apportent aux hommes, aux animaux et aux plantes une année grasse et la santé, sans leur causer aucun préjudice. Mais quand c'est l'amour déréglé qui prévaut dans les saisons de l'année, les ravages et les préjudices qu'il entraîne sont nombreux; c'est

alors, bien souvent, qu'apparaissent les épidémies **b**
et toutes sortes d'autres fléaux pour les animaux
comme pour les plantes; les gelées, la grêle et la
nielle résultent en effet d'un déséquilibre et d'un
désordre dans les relations que l'amour établit
entre ces éléments. La connaissance de ces relations en ce qui concerne les mouvements des
astres et les saisons de l'année a pour nom
l'astronomie.

Enfin, toute la science des sacrifices et de la
divination (c'est-à-dire des échanges entre les
hommes et les dieux) n'a pas d'autre objet que la **c**
sauvegarde et le soin de l'amour. Le fait qu'en
toute action, dans nos rapports avec nos pères,
vivants ou morts, comme avec les dieux, nous
favorisons, honorons et vénérons, plutôt que
l'amour réglé, l'amour sans mesure, telle est,
généralement, la source de l'impiété. C'est pourquoi il incombe à la divination de surveiller et
de traiter ces deux amours. Dans la mesure même
où elle sait ce qui, dans les amours humaines, **d**
tend au respect de la loi divine et à la piété, la
divination est l'ouvrière de l'amitié entre les
hommes et les dieux.

Telle est la grande, ou mieux, l'universelle
puissance de l'amour universel; mais celui qui
possède la plus grande puissance, c'est l'amour
qui vise au bien, chez nous comme chez les
dieux, avec sagesse et justice; c'est lui qui nous
assure le bonheur complet, en nous rendant
capables de vivre ensemble en amitié, et dans
l'amitié de ceux qui sont plus grands que nous :
les dieux.

Peut-être ai-je moi aussi, dans cet éloge de **e**
l'Amour, omis beaucoup de choses, mais ce sera
vraiment sans l'avoir voulu. Et si lacunes il y a,
c'est à toi, Aristophane, de les combler. Toutefois,
si tu as en tête quelque autre manière de louer
ce dieu, soit : commence donc, puisque ton hoquet
est fini.»

Alors, poursuivait Aristodème, Aristophane reprit : **189 a**

«Et bien fini! N'empêche qu'il a fallu aller jusqu'à l'éternuement, et je suis un peu choqué que l'équilibre de notre corps requière des bruits et des chatouillis de cette espèce! Car c'est un fait : à peine avais-je recouru à ce moyen que mon hoquet a cessé!

– Mon cher Aristophane, répondit Eryximaque, attention! Railler juste avant ton dis-
b cours, c'est me pousser à en épier les ridicules, alors que tu aurais fort bien pu parler tranquille!

– Tu as raison, Eryximaque, dit Aristophane en riant, mettons que je n'ai rien dit. Mais renonce à faire le censeur, car je crains fort pour mon discours, non pas que mes propos ne prêtent à rire (ce qui serait dans mes cordes, et tout profit pour vous), mais qu'ils ne soient carrément ridicules! – La flèche décochée, tu penses échapper, Aristophane! Mais surveille bien ta langue, car il te faudra rendre compte de chaque mot; il se
c peut toutefois, si bon me semble, que je t'en tienne quitte...»

DISCOURS D'ARISTOPHANE

«À vrai dire, Eryximaque repartit Aristo-phane[36], je pense parler dans un tout autre sens que Pausanias et toi ne l'avez fait. Pour moi, en effet, les hommes doivent avoir totalement méconnu la puissance de l'Amour; comment s'expliquer autrement qu'ils ne lui aient pas élevé leurs plus grands temples et leurs plus vastes autels, offert leurs plus somptueux sacrifices, mais au contraire en aient frustré un dieu qui les méritait plus qu'aucun autre? De tous les dieux, en effet, c'est le meilleur ami de l'homme, puis-
d qu'il les secourt et les guérit de maux qui les privent du suprême bonheur humain. Je vais donc essayer de vous révéler sa puissance, afin qu'à votre tour vous puissiez prêcher les autres.

Il me faut commencer par vous instruire un peu de la nature humaine et vous conter ses divers avatars; car ce qu'elle est aujourd'hui n'est plus, loin de là, ce qu'elle fut jadis. D'abord, la race humaine se divisait en trois genres, et non point en ces deux seuls, mâle et femelle, que vous connaissez; ce troisième genre participait **e** des deux premiers et son nom, au moins, a subsisté jusqu'à nous : c'est l'androgyne dont la nature, comme le mot lui-même, tenait à la fois du mâle et de la femelle, et qui n'est plus de nos jours qu'un qualificatif insultant. Ensuite, chaque homme était tout d'une pièce, ayant le dos rond, les flancs en cercle, quatre mains et autant de pieds; deux visages opposés, bien que tout pareils, au sommet d'un cou soigneusement arrondi, **190 a** mais n'en formant pas moins une seule tête; quatre oreilles, deux sexes, et le reste à l'avenant. Tantôt, ils marchaient tout comme nous debout sur deux jambes, dans la direction qu'ils avaient choisie; tantôt, quand l'envie leur prenait de gagner du temps, comme les acrobates qui font la roue en tournant sur eux-mêmes pour finir par retomber sur leurs pieds; et, comme ils disposaient de huit membres où prendre appui, ils atteignaient ainsi des vitesses fabuleuses. Or, s'il y avait des différences de constitution entre les trois genres, c'est que le mâle descendait du **b** Soleil, la femelle de la Terre et le genre mixte de la Lune (car la Lune elle aussi participe des deux autres astres); et si leur nature et leur démarche rappelaient la sphère, c'est tout simplement qu'ils ressemblaient à leurs parents. Leur force, leur vigueur était si stupéfiante, leur orgueil si démesuré qu'ils s'en prirent aux dieux eux-mêmes, tentant d'escalader le ciel pour s'attaquer à eux, **c** comme le raconte Homère, qui attribue d'ailleurs cet exploit à Éphialte et à Otus.

Zeus et les autres dieux se consultaient donc, ne sachant quoi faire : pas plus qu'ils ne pouvaient les massacrer et faire disparaître leur race comme ils avaient exterminé les Géants par la foudre (car c'était voir disparaître avec eux hommages

et offrandes), ils ne pouvaient tolérer leurs bravades. Après s'être bien creusé la tête, Zeus enfin prit la parole : "Je crois que je tiens le moyen d'épargner les hommes tout en mettant un point final à leur licence : il n'est que de les
d désarmer. Je m'en vais donc les couper tous en deux : ainsi, du même coup, je les affaiblis et je double le nombre de nos fidèles! Ils n'auront qu'à marcher debout sur leurs deux jambes ; et si, s'entêtant à faire les malins, ils ne veulent pas se tenir tranquilles, je les recouperai en deux, qu'ils en soient réduits à sauter sur une seule jambe, à cloche-pied !"

Aussitôt dit, aussitôt fait : il coupa les hommes
e en deux, comme on coupe les cormes qu'on veut mettre en conserve ou les œufs avec un cheveu[37]. Et, une fois coupés, il chargeait Apollon de leur retourner le visage et une moitié du cou du côté de la coupure, afin que l'ayant toujours sous les yeux ils apprissent un peu la modestie ; il le chargeait enfin d'achever leur remise sur pied. Apollon leur retourna donc le visage et, ramenant la peau sur ce qu'on appelle maintenant le ventre, il serra fortement, comme avec une bourse à coulisse, autour d'une ouverture unique prati- quée au milieu du ventre et qu'on nomme encore le nombril. Puis il effaça consciencieusement
191 a tous les plis et façonna la poitrine avec un outil pareil à celui qu'utilisent les cordonniers pour lisser le cuir sur la forme : mais il eut soin de laisser quelques rides autour du ventre et du nombril en souvenir de cette première épreuve.

Les corps ainsi dédoublés, chacun poursuivait sa moitié pour s'y réunir. Embrassées, entrela- cées, brûlant de ne faire plus qu'un, l'inanition
b et l'inactivité où les réduisait le refus de rien faire l'une sans l'autre les tuaient. Et, lorsque sa moitié périssait, la survivante en cherchait une autre et l'enlaçait, que ce fût une moitié de femme complète (ce que nous appelons précisé- ment une femme aujourd'hui), que ce fût celle

d'un homme ; de la sorte, la race allait s'étei-
gnant. Pris de pitié, Zeus s'avise alors d'un autre
expédient et leur transporte sur le devant le sexe
que jusqu'alors ils portaient derrière, n'engen-
drant et n'enfantant pas entre eux, mais dans la **c**
terre, comme les cigales[38]. Il le leur plaça donc
là où vous savez pour leur permettre d'engendrer
entre eux par pénétration du mâle dans la femelle.
Le but en était que l'union, quand elle se produisait entre homme et femme, assurât la propaga-
tion de l'espèce, et, quand elle se produisait entre
hommes, provoquât à tout le moins une satiété
qui leur permît, dans l'intervalle, de se tourner
vers l'action et les autres intérêts de l'existence.
C'est donc sans doute de ces temps reculés que **d**
date l'amour inné de l'homme pour son semblable, l'amour qui tente de retrouver notre
condition première, de refaire l'unité rompue et
de rétablir ainsi la nature humaine.

C'est ainsi que nous sommes tous la tessère de
quelqu'un[39], ayant été coupés en deux comme de
vulgaires soles ; et nous passons notre vie à
chercher notre moitié. Par conséquent, tous ceux
d'entre nous qui sont des fragments du genre
mixte qu'on appelait alors androgyne aiment les
femmes, et c'est parmi eux que se recrutent la
plupart des hommes adultères, comme les femmes **e**
qui aiment les hommes et celles qui trompent
leurs maris. Par contre, les femmes qui sont des
moitiés de femme, ne s'intéressant pas le moins
du monde aux hommes, se tournent plutôt vers
leurs pareilles : c'est là l'origine des tribades.
Enfin, les hommes issus d'un mâle poursuivent
les mâles et, tant qu'ils sont encore jeunes,
comme ils sont des tranches de mâles, aiment
les hommes, prenant leur plaisir à être dans leurs **192 a**
bras et à coucher avec eux. Ceux-là donnent les
meilleurs enfants et les meilleurs adolescents du
fait qu'ils sont, de nature, uniquement virils. Et
quelle erreur de les accuser d'impudicité ! Ce
n'est pas l'impudicité qui les pousse, mais la

hardiesse, le courage et la virilité qu'ils ne peuvent retrouver qu'en leurs pareils. En voulez-
vous une preuve ? Il suffit de constater que ces
garçons, arrivés à leur maturité, sont les seuls
b qui se consacrent à la politique. Devenus hommes,
ils aiment les garçons ; s'ils se marient, s'ils ont
des enfants, ce n'est guère que pour la règle ; car
ils se contentent fort bien de vivre entre eux en
célibataires. En un mot, ce sont des hommes qui
aiment les garçons (et en sont aimés) parce qu'ils
ne s'attachent jamais qu'à ce qui leur est semblable.

Lors donc qu'un amoureux des garçons, ou des
femmes, se trouve rencontrer sa moitié complémentaire, ils sont saisis l'un pour l'autre de tant
c d'affection, de confiance et d'amour qu'ils ne
supportent plus d'être une seule minute détachés,
si j'ose dire, l'un de l'autre. Et ces mêmes êtres
qui passent toute leur vie ensemble seraient
pourtant bien incapables de dire ce qu'ils attendent de leur union ; qui croirait en effet que le
seul plaisir des sens pût les attacher pareillement
à leur vie commune ? Leur âme, évidemment,
d cherche autre chose qu'elle ne peut dire, mais
qu'elle pressent et sait laisser entendre. Et si,
lorsqu'ils sont couchés ensemble, Héphaistos sur-
venait, ses outils à la main, pour leur dire :
"Qu'est-ce donc, vous autres, que vous espérez
de votre union ?" et que, les voyant perplexes, il
continuât : "Votre désir n'est-il pas de vous iden-
tifier si bien l'un à l'autre que ni jour ni nuit il
n'y ait entre vous de distance ? Si c'est bien là
e votre désir, je vais vous amalgamer et vous fondre
au feu de ma forge, afin que vous ne soyez plus
deux, mais un, que, vivants, vous viviez tous les
deux comme un seul et que, une fois morts, vous
continuiez jusqu'au fond de l'Hadès à n'être
qu'un au lieu de deux, partageant une commune
mort. Mais voyez si c'est bien là votre désir, et
si ce sort vous contenterait." À ces paroles, nous
le savons, personne ne dirait non, personne

n'opposerait d'autre vœu ; chacun penserait simplement avoir entendu exprimer le désir même qu'il eut toujours de s'unir et de se confondre avec celui qu'il aime pour n'être enfin plus deux, mais un seul.

La cause en est que notre nature première était une et que nous ne faisions qu'un ; et ce qu'on nomme l'amour n'est rien d'autre que le désir et la quête de cette unité. Auparavant, je l'ai dit, **193 a** nous étions un ; maintenant, par notre faute, nous nous sommes vu disséminer par le dieu comme les Arcadiens l'ont été par les Lacédémoniens [40]. Il est donc à craindre que, si nous ne nous conduisons pas bien envers les dieux, nous ne soyons coupés en deux une fois de plus et n'allions déambuler comme ces personnages qu'on voit en bas-relief sur les stèles, sciés en deux selon la ligne du nez, ou comme des tessères rompues. Voilà pourquoi on ne saurait trop s'exhorter, en toute circonstance, à la piété envers les dieux : ce sera le moyen d'éviter un nouveau châtiment pour trouver notre récompense sous les ordres et la conduite de l'Amour. Que personne n'entre en guerre avec lui (et c'est le faire **b** que se rendre haïssable aux dieux), mais que chacun conclue plutôt avec lui un traité de paix et d'amitié, afin de trouver enfin cette autre part de nous-mêmes dont la rencontre est un bonheur qui n'est pas donné à tout le monde aujourd'hui. Et qu'Eryximaque ne vienne pas me couper la parole pour tourner mes propos en ridicule sous prétexte qu'ils viseraient Pausanias et Agathon ici présents (qui appartiennent, en effet, à cette minorité, et sont tous deux mâles de nature) ! **c** Non ! C'est à tout le monde que je pense, hommes et femmes, quand je mets comme condition au bonheur de notre race que nous assumions notre amour et que nous trouvions le bien-aimé qui nous restitue à notre nature première. Si c'est là le plus grand des biens, il s'ensuit que ce qui s'en approche le plus sur terre sera le plus grand bien possible : et ce n'est pas autre chose, encore une fois, que la rencontre d'un ami selon son cœur.

d Si nous désirons chanter le dieu qui en est la source, nous chanterons l'Amour; cet Amour qui, non seulement nous rend dès maintenant le plus grand des services en nous guidant vers notre véritable objet, mais encore nourrit nos plus grandes espérances d'avenir en nous permettant, pour peu que nous observions la piété envers les dieux, de nous rétablir dans notre primitive nature, de nous guérir et de nous élever à la parfaite félicité.

Voilà mon discours, Eryximaque; et, bien qu'il soit fort différent du tien, ne le tourne pas en ridicule, je t'en prie, afin que nous ayons le temps d'entendre encore les autres, qui ne sont d'ail-**e** leurs plus que deux : Agathon et Socrate. – D'accord! aurait dit Eryximaque. D'ailleurs, j'ai pris le plus grand plaisir à t'écouter; et, si je ne savais pas Agathon et Socrate aussi ferrés en matière d'amour, j'aurais grand-peur qu'ils ne sachent plus que dire après un tel feu d'artifice. Mais, avec eux, je suis tranquille!

194 a Socrate alors prit la parole : – Tu t'es fort bien défendu dans notre concours, Eryximaque, mais si tu étais à ma place maintenant, ou plutôt à celle où je serai quand Agathon aura brillé à son tour, tu mourrais de peur et tu serais, comme moi, dans tous tes états! – Tu veux me jeter un sort, Socrate, dit Agathon, pour que l'idée que notre public brûle d'entendre de ma bouche un beau discours m'ôte tous mes moyens! – Eh! j'aurais bien mauvaise mémoire, Agathon, repar-**b** tit Socrate, si, après t'avoir vu si brave et si superbe monter sur l'estrade avec tes acteurs et regarder en face cet immense public à qui tu allais présenter une pièce de toi[41] sans un soupçon de crainte, j'allais penser que tu te troubles aujourd'hui pour deux ou trois personnes! – Eh quoi! Socrate, dit Agathon. Me crois-tu donc fou de théâtre au point d'oublier qu'un homme de sens a plus à craindre de quelques personnes intelligentes que d'une foule d'imbéciles ? – Je **c** m'en voudrais, Agathon, de te croire si grossier. Je sais bien, au contraire, que si tu rencontrais de ces hommes que tu crois sages, tu serais plus attentif à leur jugement qu'à celui de la foule ; mais il y a bien peu de chance, hélas ! que nous soyons de ces sages, nous qui étions hier en pleine foule ! ... Néanmoins, suppose que, rencontrant quelqu'un de ces sages, tu sois conscient d'une faute : tu en rougirais, n'est-ce pas ? – Sans doute, dit-il. – Et tu ne rougirais pas de cette même faute devant la foule ? Phèdre, alors, **d** crut bon d'intervenir : – Mon cher Agathon, si tu commences à répondre à Socrate, tu peux compter qu'il va se désintéresser complètement de notre sujet, comme chaque fois qu'il trouve quelqu'un à qui parler, surtout un beau garçon ! Pour ma part, je goûte beaucoup sa conversation : mais je suis obligé de m'inquiéter de notre programme et de vous faire payer à chacun votre écot. Lorsque vous serez tous quittes, libre à vous de converser ! – Allons ! tu as raison, Phèdre, **e** dit Agathon. Rien ne m'empêche de parler d'ailleurs, car j'aurai bien d'autres occasions de causer avec Socrate. »

DISCOURS D'AGATHON

« Pour moi, messieurs, je ne discourrai point avant d'avoir défini les règles mêmes du discours [42]. Il me semble en effet que les précédents orateurs, au lieu de louer le dieu, ont préféré se féliciter des biens qu'il nous vaut : mais personne n'a évoqué la figure du bienfaiteur. Or, il n'est **195 a** pas d'autre méthode pour louer quoi que ce soit que d'exposer la nature de l'objet en question en tant que cause de ses effets. Ainsi donc, pour bien louer l'Amour, exposerons-nous d'abord sa nature, puis ses œuvres.

Je déclare donc qu'entre tous les dieux

éternellement heureux, l'Amour (si l'on me permet
de le dire) est le plus heureux, étant le plus beau
et le meilleur de tous. Et d'où vient qu'il soit le
plus beau? C'est d'abord, mon cher Phèdre, qu'il
est le plus jeune. Lui-même se porte ici garant
de mes paroles : voyez en effet de quelle fuite il
b fuit la vieillesse, pourtant prompte, on le sait, et
plus prompte même qu'on ne voudrait à nous
rejoindre... Oui! l'Amour, son naturel ennemi,
veille toujours à garder avec elle ses distances,
ne vivant qu'avec les jeunes et par les jeunes et
donnant ainsi raison au vieux proverbe : *Qui se
ressemble s'assemble*⁴³. Si donc je m'accorde sur
bien des points avec Phèdre, je ne puis toutefois
lui concéder que l'Amour soit plus vieux que
Cronos ou que Japet, mais soutiens, au contraire,
c qu'il est et sera toujours le plus jeune des dieux,
et que les antiques démêlés entre dieux que nous
rapportent Hésiode et Parménide⁴⁴ (si tant est
que ces auteurs soient véridiques), sont impu-
tables non à l'Amour, mais à la Nécessité; car on
n'aurait pas vu tant de mutilations, d'enchaîne-
ments et de violences si l'Amour avait été là,
lequel eût fait régner, comme il le fait maintenant, l'amitié et la concorde entre les dieux.

L'Amour est jeune; l'Amour est délicat. Mais il
d faudrait être Homère pour dire sa délicatesse,
puisque c'est lui qui dit d'Até qu'elle est divine
et délicate, ou que ses pieds, du moins, le sont :

*Certes ses pieds sont délicats; car elle court,
Sans effleurer le sol, sur la tête des hommes*⁴⁵.

N'est-ce pas qu'Homère voit une belle preuve
de sa délicatesse dans le fait qu'elle ne marche
pas sur le dur, mais sur le tendre? Nous userons
e d'un argument semblable pour prouver la délicatesse de l'Amour : voyez qu'en effet il ne marche
point sur la terre ni sur des têtes (lesquelles,
d'ailleurs, n'ont rien de bien tendre), mais qu'il
marche et siège sur le tendre du tendre, puisqu'il

a choisi pour demeure les cœurs et les âmes des hommes et des dieux; et encore fait-il son choix : s'éloignant des âmes au cœur dur, il n'élit pour séjour qu'une âme au tendre cœur. Or, si ses pieds, si toute sa personne n'ont jamais de contact qu'avec le tendre du tendre, comment ne serait-il pas lui-même le comble du délicat ?

À son extrême jeunesse, à sa suprême délica- **196 a** tesse, il faut maintenant ajouter la fluidité de sa forme. Quel solide, en effet, pourrait nous circonvenir comme il le fait, s'insinuer dans les replis de notre âme ou en ressortir à notre insu ? Rien, d'ailleurs, n'illustre mieux sa fluidité et son harmonie que sa grâce, cette grâce sans pareille que chacun lui accorde : comment imaginer, en effet, un disgracieux Amour ? Et que dire encore de la beauté de son teint ? Songez seulement que l'Amour passa sa vie parmi les fleurs; et croyez-vous qu'il se poserait sur une plante sans fleurs ou simplement fanée, âme, corps, que sais-je ? **b** Non : il ne s'arrête, il ne séjourne qu'en lieux fleuris et parfumés.

La beauté de ce dieu étant un thème inépuisable, nous passerons à l'exposé de ses vertus.

Sa vertu majeure est d'ignorer toute injustice dans ses rapports avec les dieux comme avec les hommes : en effet, pas plus qu'il ne peut souffrir violence (puisque l'amour n'est point touché par la violence), il ne peut faire violence (puisque **c** nul ne refuse de lui obéir sans conditions); or, *les lois, reines de la Cité*[46], n'ont pas, pour ce concours de bonnes volontés réciproques, d'autre nom que "Justice".

Après la justice, reconnaissons-lui l'extrême tempérance. On s'accorde en effet à dire que la tempérance consiste à être plus fort que voluptés et désirs. Or, il n'est pas de volupté plus forte que l'amour; si donc les autres sont moins fortes, c'est que l'amour est le plus fort; et s'il est plus fort que voluptés et désirs, c'est, forcément, qu'il est d'une extrême tempérance.

d   Pour le courage enfin, *Arès lui-même doit s'in-
cliner devant l'Amour*[47]. Car ce n'est pas Arès qui
possède l'Amour, mais l'Amour qui possède Arès,
l'amour d'Aphrodite, comme nous l'apprend la
tradition; or, le possédant est plus fort que le
possédé; et si l'Amour est plus fort que le plus
courageux des dieux, c'est donc qu'il n'en est pas
de plus courageux que lui.

Ayant ainsi traité de sa justice, de sa tempérance et de son courage, il me reste à parler de
sa sagesse ou de ses capacités, en faisant de mon
mieux pour n'être pas en défaut. Je dirai pour
commencer, histoire de faire honneur à ma
profession comme tout à l'heure Eryximaque,
e que ce dieu est un poète assez capable pour faire
école; du moins n'est-il personne qui ne devienne
poète, *fût-il jusqu'alors resté sourd à la Muse*[48],
pour peu que l'ait touché l'Amour. Cette remarque
vient à propos pour confirmer que l'Amour est
poète, et bon poète, dans tout ordre de création
artistique; car on ne peut donner ce que l'on n'a
197 a pas, ni enseigner ce qu'on ignore. Songez par
exemple à la création vivante : nierez-vous que
l'Amour seul soit capable d'engendrer et de
produire des êtres vivants? Et, dans la pratique
des arts, ne voyez-vous pas quelle illustration est
promise à son élève, quelle obscurité finit par
engloutir tous les autres? Il ne fait aucun doute
qu'Apollon n'aurait pu inventer le tir à l'arc, la
b médecine et la divination sans l'aiguillon du désir
et de l'amour, de sorte qu'il serait lui aussi son
élève, comme les Muses dans les beaux-arts,
Héphaistos dans l'art du bronze, Athéna dans
l'art du tissage et Zeus dans celui de gouverner
hommes et dieux. C'est ainsi que l'on vit l'ordre
se rétablir chez ces derniers dès qu'apparut
l'Amour, amour du beau sans doute (puisqu'il
n'est pas d'amour fondé sur le laid); auparavant,
comme je le disais en commençant, le règne de
la Nécessité avait eu pour les dieux de terribles
conséquences; sitôt apparu, l'amour du beau en

entraîna toutes sortes d'excellentes, et pour eux comme pour nous.   c

Ainsi, mon cher Phèdre, je pense que l'Amour, dès lors qu'il est beau et bon, ne peut qu'être pour nous source de bien et source de beauté. Ici, permettez-moi de m'expliquer en vers et de vous dire que l'Amour substitue

> *La paix à nos querelles et la bonace au grain,*
> *Le calme à l'ouragan, le sommeil au chagrin.*

Oui, c'est l'Amour qui, de sauvages, nous rend   d sociables, qui inspire nos banquets, qui nous entraîne aux fêtes, aux chœurs, aux sacrifices ; l'Amour, prodigue en bienveillance, avare en malveillance, qui nourrit de douceur et sèvre d'amertume ; l'Amour, propice à l'homme de bien, considéré des sages, estimé des dieux, qui fait le bonheur de ceux qui en héritent et excite l'envie des déshérités ; l'Amour, soucieux des bons, insoucieux des méchants, père d'Abandon, de Luxe, de Délices, père des Grâces, de Désir et de Passion ; pilote des hommes en perdition, compagnon d'armes des peureux, soutien de ceux qui peinent, sauveur de ceux qui parlent ; l'Amour,   e concert parfait des dieux et des hommes, guide très beau et très bon qu'il est de notre devoir à tous de suivre en chantant de belles hymnes, chacun sa voix dans ce chant continu dont il enchante nos pensées et les pensées des dieux.

Que ce discours, Phèdre, mélange de fantaisie et de gravité mesurée, aussi bien dosé que j'ai pu, soit donc mon offrande au dieu. »

Quand Agathon eut terminé, poursuivait Aris-   **198 a** todème, des applaudissements unanimes attestè- rent que le discours du jeune poète avait été jugé digne et de lui-même et du dieu. Puis Socrate, se tournant vers Eryximaque, prit la parole : – Eh bien ! fils d'Acoumène, la frayeur qui faisait mon effroi te semble-t-elle toujours aussi peu

effrayante[49]? Ou m'accorderas-tu que je fus bon
prophète en prévoyant tant d'éloquence chez
Agathon que je serais dans l'embarras? – Sur
un point, répondit Eryximaque, tu me parais
avoir vu juste, en effet : car Agathon a fort bien
parlé; mais que tu sois embarrassé, à d'autres!

b – Comment, mon bienheureux, pourrais-je ne
pas l'être, comme quiconque aurait à parler après
un discours aussi beau et aussi varié? Tout y
était merveilleux à divers titres; mais la péroraison! qui eût pu résister à la beauté des mots
choisis, de la période? Alors, honteux de me
sentir incapable d'approcher, fût-ce de loin, une
pareille beauté, j'ai été à deux doigts de m'esqui-

c ver, s'il y avait eu moyen. D'autant plus que ce
discours me rappelait tellement Gorgias que,
pensant au passage d'Homère[50], je tremblais
qu'Agathon n'en vînt, en achevant son discours,
à jeter sur le mien la tête de Gorgias, le terrible
parleur, et ne me rendît du coup muet comme
les pierres!

C'est alors que j'ai compris combien j'avais été
ridicule en m'engageant à faire ma part dans cet
éloge de l'Amour et en me prétendant très fort

d en la matière, alors que j'ignorais tout du problème même de l'éloge; je m'imaginais en effet,
pauvre sot! qu'il suffisait de dire la vérité sur le
sujet choisi, que c'était là l'essentiel, et qu'il ne
restait plus ensuite, à partir de ces vérités, qu'à
choisir les plus belles pour les composer de son
mieux; ainsi, croyant connaître les vraies règles
de l'éloge, je ne doutais pas de bien parler. Or, à
ce qu'il paraît, ce n'est pas la bonne méthode : si
j'ai bien compris, il faut au contraire enchérir et
surenchérir de louanges, véridiques ou non; et
peu importe si l'on ment, puisqu'on est convenu,
paraît-il, que chacun de nous aurait l'air de louer
l'Amour, et non pas qu'il le louerait. Voilà pourquoi, j'imagine, vous vous dépensez tant pour
couvrir ce dieu d'éloges et le déclarez si consi-

199 a dérable et si prodigue en bienfaits, à seule fin

qu'il apparaisse dans toute sa beauté et dans
toute sa bonté aux yeux émerveillés de ceux qui,
évidemment, ne le connaissent pas : car ceux
qui le connaissent ! ... Et l'éloge en est beau,
certes, et majestueux ! Il faut donc que je n'aie
pas su comment on s'y prend ; et puisque c'est
dans cette ignorance que j'ai convenu avec vous
de participer à notre concours, ce n'était là
qu'une promesse verbale ! Bonsoir donc ! ce n'est
pas ma manière de louer : je m'y empêtrerais !
Toutefois, s'il s'agit de dire vrai, et que vous y
teniez encore, je veux bien prendre la parole,
mais à ma façon, et sans même songer à une   **b**
concurrence où je me couvrirais de ridicule !
Vois donc, Phèdre, si tu acceptes un tel discours ;
il tâchera de ne pas dire de mensonges sur
l'Amour, mais les phrases et les mots y seront ce
qu'ils seront !

*

Toujours selon le récit d'Aristodème, Phèdre et
les autres convives auraient alors invité Socrate
à parler comme il le jugerait bon. – Eh bien !
Phèdre, dit-il, laisse-moi poser encore quelques
petites questions à Agathon, que je ne commence
pas sans m'être mis d'accord avec lui. – Mais   **c**
comment donc ! dit Phèdre. Je t'en prie. Là-
dessus, Socrate aurait commencé à peu près en
ces termes[51] :

– Sans mentir, mon cher Agathon, je trouve
le début de ton discours, avec sa distinction entre
la nature et les œuvres de l'Amour, excellent, et
je ne peux que t'en féliciter. Prenons-le donc
pour point de départ et laisse-moi te poser une
ou deux questions concernant cet Amour, par
ailleurs si somptueusement évoqué par tes soins ;   **d**
et, tout d'abord, ceci : « L'Amour est-il amour de
quelque chose, ou de rien ? » Je ne te demande
pas (ce serait ridicule) de qui il est amour, père
ou mère par exemple ; mais suppose que je te

demande ainsi du Père, considéré en tant que
père, s'il est père de quelqu'un ou non : ne me
dirais-tu pas, pour me bien répondre, qu'un père
est forcément le père de quelqu'un, fils ou fille ?
n'est-ce pas ?

– Évidemment.

– Par conséquent, il en irait de même pour
la Mère en tant que mère ?

Il en convint également.

e – Allons, poursuivit Socrate, encore une petite
réponse, que tu voies mieux où je veux en venir :
si je te demandais : «Voyons! le Frère, en tant
que frère, est-il le frère, ou non, de quelqu'un ?»

– De quelqu'un, bien sûr.

– Frère de son frère ou de sa sœur, donc ?

Il en convint.

– Essaie maintenant, reprit Socrate, d'en
revenir à l'Amour : l'Amour est-il amour de personne, ou de quelqu'un ?

– De quelqu'un, évidemment.

200 a – Voilà un point à ne pas perdre de vue,
quitte à te rappeler à part toi quel est l'objet
même de l'Amour; pour le moment, je voudrais
simplement que tu me dises si l'Amour désire,
oui ou non, son objet.

– Oui, sans doute.

– Est-ce lorsqu'il a cet objet qu'il le désire,
ou lorsqu'il ne l'a pas ?

– Lorsqu'il ne l'a pas, apparemment du moins.

– Apparemment, dis-tu ? Examine justement,
dit Socrate, si ce n'est pas plutôt *nécessairement*
b que l'on désire ce dont on est privé et non ce
dont on n'est pas privé. Moi du moins, cher
Agathon, je vois là une nécessité; et toi, que t'en
semble ?

– Tout de même.

– Bien répondu! Est-ce qu'un homme grand,
par exemple, souhaiterait d'être grand; ou d'être
fort, s'il l'est déjà ?

– C'est impossible, après ce que nous avons dit.

– On ne pourrait, en effet, manquer de ce qu'on a.

– Évidemment.

– Si le fort, en effet, rêvait d'être fort, le
prompt d'être prompt, le sain d'être sain... (c'est
parce qu'il peut se trouver des gens pour penser
que ceux qui ont telle ou telle de ces qualités-là **c**
n'en souhaitent pas moins les avoir, que je m'efforce de préciser, de peur de nous laisser abuser).
Si donc, Agathon, tu réfléchis à des cas de ce
genre, tu verras que ces gens ont nécessairement
les qualités mêmes qu'ils ont présentement, bon
gré mal gré; et ce qu'on a, comment le désirer?
Mais si quelqu'un venait nous dire : «Moi qui
suis en santé, je n'en souhaite pas moins de l'être,
moi qui suis riche, d'être riche; donc je désire
cela même que j'ai», nous lui répliquerions :
«Toi, mon bonhomme, qui as acquis richesse,
santé ou force, tu souhaites simplement conti- **d**
nuer à les posséder à l'avenir, puisque présentement, bon gré mal gré, tu les possèdes; examine
donc si, lorsque tu prétends désirer les qualités
que tu as, ce n'est pas, plus exactement, que tu
désires les posséder encore à l'avenir.» N'en
tomberait-il pas d'accord?

Ce fut aussi l'avis d'Agathon. Et Socrate :

– Ainsi donc, n'est-ce pas aimer ce qui n'est **e**
pas encore à notre disposition, ce que l'on n'a
pas, que de désirer sauvegarder ces qualités à
l'avenir?

– En effet.

– Ainsi cet homme, comme tout homme qui
désire, désire ce qui n'est ni présent, ni dispo-
nible, ce qu'il n'a pas, ce qu'il n'est pas, ce qui
lui manque; et c'est bien là, nous l'avons vu,
l'objet de tout amour et de tout désir.

– Parfaitement.

– Allons! enchaîna Socrate, récapitulons donc
ce dont nous sommes convenus. Il ne peut être
question d'amour, premièrement, qu'en rapport
avec un objet quelconque, et, secondement, avec
un objet dont on souffre privation.

– D'accord.

– Sur ce, rappelle-toi avec quels objets ton discours a mis l'Amour en rapport ; ou plutôt, per-
mets-moi de te le rappeler moi-même : tu disais
à peu près, je crois, que c'est l'amour du beau qui
a résolu les différends divins, étant donné que
l'amour d'une chose laide est impensable ; n'est-
ce pas à peu près tes paroles ?

– Mais oui ! dit Agathon.

– Merci pour cette réponse, ami ! S'il en est
ainsi, l'Amour sera donc amour de la beauté, et
non de la laideur ?

Il en convint.

– Mais n'avons-nous pas admis tout à l'heure
qu'on aime ce qui vous manque, ce qu'on ne
b possède pas ?

– Oui.

– L'Amour sera donc privé de la beauté et ne
la possédera pas.

– Oui, forcément.

– Eh quoi ! est-ce donc être beau que d'être
privé de la beauté et de n'en rien avoir ?

– Bien sûr que non !

– Persistes-tu donc à croire que l'Amour soit
beau, s'il en est ainsi ?

– Sans doute, Socrate, aurait alors dit Agathon, n'aurai-je pas trop pensé à ce que je disais !

– N'empêche que ton discours était bien beau,
c Agathon ! Mais, encore un coup : ne te semble-
t-il pas que les choses bonnes soient également
belles ?

– Oui.

– Si donc l'Amour est privé du beau, et que
le bon soit nécessairement beau, il s'ensuivra
qu'il est également privé du bien.

– Ah ! Socrate, pas moyen de te contredire !
Qu'il en soit donc comme tu voudras !

– Mais non, cher Agathon, c'est la vérité que
tu ne peux contredire ; contredire Socrate, quoi
de plus facile ?

SOCRATE ET DIOTIME

Mais je vais te laisser tranquille. J'ai entendu **d**
jadis un discours sur l'Amour de la bouche d'une
femme de Mantinée, Diotime[52], savante en cette
matière comme en nombre d'autres; c'est elle
qui, grâce à un sacrifice qu'elle prescrivit aux
Athéniens contre la peste, avait retardé de dix
ans l'épidémie, et c'est d'elle que je tiens tout ce
que je sais de l'amour; et ce discours, j'aimerais
maintenant vous le répéter de mon mieux, bien
que livré à mes seules ressources, en partant de
ce dont nous sommes convenus, Agathon et moi.
Comme tu l'as dit toi-même, Agathon, il faut
d'abord montrer qui est l'Amour, quelle est sa
nature, et ensuite seulement faire l'exposé de ses
œuvres. Le plus simple me paraît de suivre le **e**
même ordre que l'Étrangère quand elle m'inter-
rogea. Mes réponses, en effet, ressemblaient fort
à celles que vient de me faire Agathon : je lui
disais que l'Amour était un grand dieu, qu'il
aimait le beau... et elle, dans les mêmes termes
que moi tout à l'heure, me convainquit à l'aide
de mes propres paroles qu'il n'était ni beau ni bon.
– Que dis-tu là, Diotime? lui dis-je alors.
L'Amour serait-il laid et mauvais?
– Ne blasphème pas! répliqua-t-elle. T'ima-
gines-tu donc que ce qui n'est pas beau soit
forcément laid?
– Sans doute!
– Et qu'on soit ignorant quand on n'est pas **202 a**
savant? Ne sens-tu pas qu'entre la science et
l'ignorance il existe un moyen terme?
– Et lequel?
– L'opinion juste dont on ne peut rendre
raison : ce n'est pas la science, en effet (puisqu'on
ne peut appeler science une connaissance non
fondée en raison), et ce n'est pas l'ignorance (pas
moyen de baptiser ignorance une connaissance
qui parfois, ne fût-ce que par hasard, atteint
l'être). L'opinion juste est donc une sorte de

moyen terme entre l'intelligence et l'ignorance d'une chose.

– C'est ma foi vrai !

– Renonce donc à vouloir que ce qui n'est **b** pas beau soit forcément laid, et réciproquement. Ainsi de l'Amour : ne pense pas, pour avoir convenu toi-même qu'il n'est ni beau ni bon, qu'il soit nécessairement laid et mauvais, mais considère-le plutôt comme intermédiaire entre les deux.

– N'empêche que tout le monde convient que c'est un grand dieu.

– Qui est-ce, tout le monde ? Les gens qui s'y connaissent, ou ceux qui ne s'y connaissent pas ?

– Les uns comme les autres, sans doute.

Elle se mit à rire.

– Comment veux-tu, Socrate, que des gens **c** qui mettent en doute sa divinité conviennent qu'il est un grand dieu ?

– Et de qui donc veux-tu parler ?

– Tu en vois deux ici : toi et moi !

– Explique-toi, de grâce ! m'écriai-je.

– C'est bien simple. Allons ! n'affirmes-tu pas que tous les dieux sont heureux et beaux ? Ou oserais-tu dénier la beauté ou le bonheur au moindre d'entre eux ?

– Pardieu non !

– Mais qu'est-ce que le bonheur selon toi, sinon la possession du bien et du beau ?

d – Sans doute.

– Or tu as convenu que l'Amour, par la privation où il est du bien et du beau, les désire.

– Oui, d'accord.

– Comment donc celui qui n'a pas reçu sa part de bien et de beau pourrait-il être dieu ?

– C'est apparemment impossible, en effet.

– Ainsi, tu vois bien que toi non plus ne considères pas l'Amour comme un dieu.

– Qu'est-ce donc que l'Amour ? Un mortel ?

– Pas du tout.

– Mais alors ?

– De nouveau, un moyen terme entre mortel et immortel.

– C'est-à-dire, Diotime ?

– Un grand démon[53], Socrate ; car c'est le monde des démons qui s'étend entre celui des **e** dieux et celui des hommes.

– Et quel est leur pouvoir ?

– De traduire et de transmettre aux dieux les messages des hommes, et aux hommes les messages des dieux : prières et sacrifices des uns, prescriptions et récompenses des autres. Par leur situation intermédiaire, les démons comblent l'intervalle et unissent le Tout à lui-même. C'est d'eux que procèdent la divination, l'art sacerdotal des sacrifices, des initiations, des incantations, la **203 a** science des oracles et l'ensemble de la magie. Comme les dieux ne peuvent pas se mêler aux hommes, ce sont eux qui assurent leurs relations, permettent leurs dialogues nuit et jour. L'homme qui a cette sorte de science mérite seul le nom de démonique, ou d'inspiré ; les autres, quelles que soient leurs connaissances en arts et métiers, ne seront jamais que des artisans. Il existe, de ces démons, nombre d'espèces ; et notamment, l'Amour.

– Mais quels furent ses parents[54] ? demandai-je. **b**

– C'est un peu long à raconter, dit-elle ; mais je m'exécuterai. Le jour de la naissance d'Aphrodite, les dieux célébrèrent un banquet, et parmi eux se trouvait Ressource, fils d'Invention. Quand ils eurent mangé, Pauvreté, qui espérait mendier quelques miettes du festin, arriva et se tint un peu à l'écart, près de la porte. C'est alors que Ressource, ivre de nectar (le vin n'était pas encore inventé), pénétra dans les jardins de Zeus et, appesanti par l'ivresse, s'endormit. À cette vue, Pauvreté qui, toujours sans ressources, méditait d'avoir de lui un enfant, s'étendit à son flanc **c** et devint grosse d'Amour. Ainsi, comme l'Amour a été engendré le jour de la naissance d'Aphrodite, que sa nature veut qu'il soit amoureux de la beauté et qu'Aphrodite est belle, il est devenu son suivant et son servant.

Cette origine permet de mieux saisir la condition de l'Amour : d'abord, il est toujours pauvre, et pas du tout beau ni délicat comme on le croit **d** d'habitude, mais rude, sale, un va-nu-pieds sans abri, toujours couchant par terre, à la dure, et dormant à la belle étoile sur les seuils ou en plein chemin : c'est là l'héritage de sa mère, la compagnie forcée de l'indigence. Son père lui a valu, en revanche, d'être toujours à l'affût du beau et du bien, courageux, entreprenant, ardent, redoutable chasseur toujours à tendre d'autres pièges, passionné d'inventions, fertile en expédients ; d'être enfin, toujours philosophant, un **e** sorcier, un magicien et un sophiste redoutables. Sa nature ne l'a pas fait mortel ou immortel : il peut, dans la même journée, s'épanouir et mourir ; puis, pour peu qu'un des expédients empruntés à son père réussisse, ressusciter encore. Mais le profit de ses ruses lui file toujours entre les doigts, de sorte qu'il ne connaît jamais ni le complet dénuement ni la véritable richesse.

Dans un autre domaine, celui de la connaissance, il reste également à mi-chemin de la sagesse et de l'ignorance. Voici pourquoi : pas **204 a** plus que les dieux ne pratiquent la philosophie ou ne désirent devenir sages (puisqu'ils le sont tous), un homme n'ira philosopher s'il possède déjà la sagesse. Quant aux ignorants, eux non plus ne philosophent ni ne recherchent la sagesse, puisque c'est le grand malheur de l'ignorance que ceux qui ne sont pas beaux, pas bons ou pas intelligents s'imaginent toujours l'être assez ; l'homme qui croit ne manquer de rien ne pouvant désirer ce qu'il croit avoir.

– Mais où se cachent donc, Diotime, les gens qui philosophent, si ce ne sont ni les sages, ni les ignorants ?

– C'est enfantin, voyons : les gens qui tiennent

le milieu entre les deux, et, notamment, l'Amour. **b**
Car la sagesse est une des plus belles choses du
monde, et, comme l'Amour aime la beauté, il
sera nécessairement philosophe et, par suite, à
mi-chemin de la sagesse et de l'ignorance. Une
fois de plus, la cause en est due à son hérédité
particulière : un père sage et plein de ressources,
une mère ignorante et sans ressources. Telle est,
mon cher Socrate, la nature de ce démon. Que
tu t'en sois fait une tout autre idée n'a rien qui
puisse me surprendre. En effet, si j'en juge d'après **c**
tes propos, c'est l'être aimé et non l'amant que
tu envisageais sous le nom d'Amour ; et c'est
pourquoi, je pense, il t'apparaissait si parfaitement beau. Ce qui est aimable, en effet, c'est la
beauté, le charme, la perfection, le souverain
bien ; mais, tu le vois à ma description, la forme
de ce qui aime est tout autre.

Je pris alors la parole :

– Poursuivons, étrangère, car tes discours sont
beaux ! Si telle est la nature de l'Amour, de quelle
utilité sera-t-il donc aux hommes ?

– Voilà justement, Socrate, ce que je vais **d**
tenter de t'apprendre maintenant. Nous connaissons désormais la nature et l'origine de l'Amour ;
nous savons, tu l'as dit toi-même, qu'il est amour
du beau. Mais si quelqu'un nous demandait :
«Qu'est-ce donc, Socrate, et toi, Diotime, que
l'amour du beau ?» ou, plus précisément : «Un
homme qui aime les belles choses, qu'aime-t-il
au juste ?», que lui répondrais-tu ?

– Qu'il aime à les posséder.

– Bien. Mais cette réponse appelle une nouvelle question : «Qu'adviendra-t-il de cet homme
quand il les possédera ?»

Je répliquai que je ne me sentais pas encore tout à
fait capable de répondre sans peine à cette question.

– Eh bien ! dit Diotime, imagine qu'on rem- **e**
place *beau* par *bon* et qu'on te demande : «Voyons,
Socrate ! un homme qui aime les bonnes choses,
qu'aime-t-il au juste ?»

– Il aime à les posséder.

– Et qu'adviendra-t-il de lui quand il les possédera ?

– Cette fois, la réponse est plus facile : il sera heureux.

– C'est, en effet, la possession des choses bonnes qui rend heureux. Inutile ici de se demander encore à quelle fin celui qui cherche le bonheur le cherche, puisque le bonheur est une fin en soi.

– Cela s'entend.

– Mais penses-tu que cette volonté, que cet amour soient le lot commun, et que tout le monde souhaite la possession des choses bonnes ? ou quoi ?

– Sans doute est-ce le lot commun.

– Pourquoi donc, Socrate, ne disons-nous pas de tous les hommes qu'ils aiment, s'il est vrai **b** que tous, et toujours, aiment les mêmes choses, mais seulement de quelques-uns à l'exclusion des autres ?

– Curieux, en effet !

– Tu ne devrais pas t'en étonner, dit-elle. Car, alors que nous ne considérons qu'une certaine forme de l'amour, nous lui donnons le nom du tout, en recourant à d'autres noms pour désigner ses autres formes.

– Un exemple ?

– Le voici. Tu sais que l'idée de poésie[55] est **c** vaste, tout passage du non-être à l'être ayant la poésie pour ressort, de sorte que tous les travaux, dans le domaine des arts et des métiers, sont poésie, et tous les artisans, poètes.

– Il est vrai.

– Cependant, tu sais qu'on ne les appelle pas ainsi, mais qu'ils portent toutes sortes d'autres noms ; à l'intérieur du domaine poétique tout entier, on a délimité un certain domaine, celui de la prosodie, et donné à cette partie le nom du tout ; c'est en effet la seule forme de poésie qui soit appelée ainsi, de même que seuls sont appelés poètes ceux qui travaillent dans ce domaine particulier.

– C'est juste.

– Or, il en va de même pour l'amour. Toute **d** aspiration quelle qu'elle soit au bien et au bonheur mériterait le nom d'amour, cet *Amour tout-puissant et rusé*[56]; néanmoins, bien qu'il y ait cent manières d'être amoureux, ceux qui le sont de l'argent, de l'exercice physique, de la sagesse, ne sont jamais considérés comme des amants. Ceux-là seuls qui pratiquent l'une des formes de l'amour ont accaparé le vocabulaire du tout, les mots d'*amour*, d'*amant*, d'*aimer*.

– Il doit y avoir du vrai dans ce que tu dis, répondis-je.

– On a même prétendu qu'aimer, c'était cou- **e** rir après sa propre moitié[57]. Mais je prétends, moi, qu'on n'aime pas plus sa moitié que son tout, à moins, cher ami, qu'il ne s'y trouve par hasard quelque bien; à preuve qu'un homme consent à se faire couper pieds ou mains pour peu qu'il y voie quelque défaut. Je ne pense donc pas qu'on aime ce qui vous est propre, à moins de considérer comme bon ce qui vous est propre et comme mauvais ce qui est d'autrui; tant il est vrai que notre amour n'a pas d'autre objet que le **206 a** bien. Que t'en semble?

– Pardieu, je partage ton opinion!

– Peut-on dire donc tout simplement que les hommes aiment le bien?

– Oui.

– Eh quoi? Ne faut-il pas ajouter qu'ils aiment aussi à le posséder?

– Sans doute.

– Et non seulement à le posséder, mais à le posséder toujours?

– Oui encore.

– En résumé, dit-elle, l'amour tend à la possession perpétuelle du bien.

– Rien de plus vrai.

– Dès lors que l'amour est ainsi défini, pour- **b**

suivit-elle, voyons comment et en quels cas peut mériter ce nom d'amour l'empressement passionné de ceux qui recherchent le bien. En d'autres termes, quelle est l'œuvre propre de l'amour? Peux-tu le dire?

– Si je le pouvais, Diotime, je n'admirerais point tant ta sagesse ni n'accourrais auprès de toi pour m'en instruire!

c   – Je te le dirai donc. Cette œuvre, c'est l'enfantement dans la beauté, selon le corps et selon l'âme.

– Il faut être sorcier, dis-je, pour te comprendre, et je ne devine pas le mot de l'énigme.

– Je vais être plus claire. Tous les hommes, Socrate, sont féconds, selon le corps et selon l'âme, et, arrivés à un certain âge, éprouvent naturellement un besoin d'enfanter; or, il n'est pas possible d'enfanter dans la laideur, mais uniquement dans la beauté. L'union de l'homme et de la femme est un enfantement, et cet acte a quelque chose de divin; car fécondité et procréation sont en l'homme, vivant et mortel, la part d'immortalité; mais ces actes postulent une har-

d monie, et tout ce qui est laid est en dysharmonie avec le divin, seule la Beauté s'harmonisant avec lui. Ainsi, la Beauté est pareille à la Parque et à l'Ilythie[58] qui président à toute naissance. C'est pourquoi l'être fécond que son approche apaise, fascine, épanouit, peut enfanter et procréer; tandis que devant la laideur, brusquement sombre et chagrin, il se rétracte, se détourne et se replie sur lui-même sans procréer, portant à grand mal le fardeau de sa fécondité; d'où vient que l'être

e fécond, déjà gonflé de sève, éprouve de si violents transports pour la beauté qui le délivrera d'une pareille charge. Car l'objet de l'amour, Socrate, n'est point la beauté, comme tu l'imagines...

– Mais quoi donc?

– ... mais la procréation et l'enfantement dans la beauté.

– Allons donc !

– Exactement, poursuivit Diotime. Et pourquoi la procréation ? Parce qu'elle est tout ce
qu'un mortel peut obtenir d'éternité et d'immortalité. Or, le désir de l'immortalité découle for- **207 a**
cément de celui du bien, s'il est vrai, comme
nous l'avons dit, que l'amour tend à la possession
perpétuelle du bien. La conclusion nécessaire de
ce raisonnement est que l'amour a également
pour objet l'immortalité.

Voilà ce qu'elle m'apprenait en discourant sur
ce thème, jusqu'à ce qu'un jour elle me deman-
dât :

– Quelle cause assignes-tu donc, Socrate, à
cet amour et à ce désir ? N'as-tu jamais observé
dans quel étrange état se mettent tous les animaux, à poils ou à plumes, quand le besoin de **b**
procréer s'empare d'eux ? L'amour, au moment
de l'accouplement d'abord, ensuite quand il s'agit
d'élever les petits, les travaille comme une véritable maladie ; pour suffire à la subsistance de
leur progéniture, les plus faibles sont prêts à
lutter contre les plus forts, à sacrifier leur vie, à
souffrir toutes les affres de la faim et que sais-je,
moi ? Encore pourrait-on, chez les humains, en
attribuer la cause à la réflexion ; mais, chez les
animaux, comment expliquer cet état amoureux ? **c**
Le saurais-tu ?

Et, comme j'avouais mon ignorance :

– Tu prétends devenir un jour ou l'autre un
maître en matière d'amour, et tu n'en as pas la
moindre idée ?

– Mais, Diotime, je viens de te le dire, c'est la
raison même pour laquelle je te fréquente, sachant
quel besoin j'ai d'un maître ! Dis-m'en donc la
cause, et celle de tous les autres phénomènes
amoureux !

– Si tu es bien convaincu que l'objet naturel
de l'amour est celui-là même dont nous sommes
convenus si souvent, quitte cet air étonné ; car **d**
c'est encore ici, selon le même processus qu'avant,

la nature mortelle qui recherche, dans les limites de son pouvoir, la perpétuité et l'immortalité. Or, elle n'en a qu'un moyen, la procréation, laquelle perpétuellement substitue au vieil individu un autre individu plus jeune, encore que l'on dise de tout être qu'il reste identique à lui-même de la jeunesse à la vieillesse; cet être, en qui tout a changé, n'en est pas moins tenu pour le même être, et pourtant il n'a cessé de se détruire et de se renouveler dans son système pileux, dans sa **e** chair, ses os et son sang, en un mot, dans tout son corps.

Mais ce qui est vrai du corps l'est également de l'âme : ses dispositions ou ses caractères, ses opinions, ses désirs, ses plaisirs, ses chagrins et ses craintes ne sont jamais les mêmes en un même individu, celles qui naissent remplaçant celles qui se perdent. Le cas de nos connaissances **208 a** est bien plus déroutant encore : non seulement nous en changeons continuellement, parce que les unes disparaissent, aussitôt remplacées par d'autres, mais elles-mêmes, prises individuellement, sont également sujettes aux mêmes vicissitudes. Ce qu'on appelle *réfléchir*, en effet, suppose que la connaissance peut nous quitter : l'oubli, c'est le départ d'une connaissance, tandis que la réflexion, suscitant à la place de celui qui s'en va un souvenir tout neuf, préserve la connaissance et lui donne l'apparence de l'identité. C'est de cette manière qu'est sauvegardée toute existence mortelle, non point par une identité éternelle et absolue comme celle des essences divines, mais par une perpétuelle substitution aux éléments vieillis et disparus d'éléments pareils à eux; c'est par ce seul biais, Socrate, que l'existence **b** tence mortelle, en son corps comme en tout le reste, peut participer de l'immortalité. Ne t'étonne donc plus du prix que tout être accorde instinctivement à ses rejetons; car c'est le désir de l'immortalité qui leur inspire tant de ferveur et tant d'amour.

Émerveillé par ces propos, je dis :

– Comment ? Très sage Diotime, est-ce vraiment ainsi qu'il en va ?　　　　　　　　　　　c

Elle me répondit, comme le meilleur des sophistes[59] :

– N'en doute pas, Socrate. Car, si tu considères l'ambition des hommes, tu n'en comprendras l'apparente étrangeté qu'en te pénétrant de ce que j'ai dit et en méditant sur le prodigieux désir qu'ils ont de devenir célèbres et d'*acquérir une gloire pour toujours immortelle* ; ce désir, plus encore que l'amour des enfants, leur fait braver n'importe quel danger, dilapider leur for-　d tune, affronter les pires fatigues et sacrifier jusqu'à leur vie. Crois-tu donc qu'Alceste serait morte pour Admète, qu'Achille aurait suivi Patrocle dans la mort ou qu'au-devant d'elle votre Codrus eût marché pour que ses enfants fussent rois[60], s'ils n'avaient espéré s'assurer cet immortel renom de vertu qui est resté vivace jusqu'à nous ? Tant s'en faut ! Je crois au contraire que c'est dans l'espoir d'immortaliser leur vertu par une renommée glorieuse que les hommes, et d'autant plus généreusement qu'ils sont meilleurs, sont prêts absolument à tout ; car ce qu'ils aiment, c'est l'immortalité.　　　　　　　　　　　　　　e

Ceux qui sont féconds dans leur corps, continua-t-elle, se tournent de préférence vers les femmes, et leur amour consiste à procréer afin de s'assurer l'immortalité, la survivance de leur nom et le bonheur, pour un avenir qu'ils s'imaginent éternel. Quant à ceux qui sont féconds　209 a selon l'âme (car il est vrai qu'il est des êtres dont l'âme est plus féconde que le corps, dans son domaine particulier, celui de l'intelligence et de toute forme de vertu, ce sont, entre autres, les poètes créateurs, et tous les gens de métier auxquels on reconnaît le génie de l'invention ; mais, de toutes les formes de l'intelligence, la plus haute et de beaucoup la plus belle est celle qui s'emploie à ordonner les cités et les maisons,

et dont le nom est prudence et justice). Or, quand
b l'un de ces êtres en qui, dès sa jeunesse, résida
cette fécondité selon l'âme qui en fait quelqu'un
de divin, arrive à l'âge où l'on désire d'enfanter
et de procréer, lui aussi, je pense, ira cherchant
partout la beauté à engrosser; car il ne pourrait
jamais procréer dans la laideur. C'est ainsi que
sa fécondité lui fait préférer un beau corps à un
corps difforme; et, pour peu qu'il y rencontre
une âme également belle, noble et bien venue,
cette double beauté exalte encore son amour;
déjà, devant cet être, il se sent pressé de propos
c sur la vertu, sur ce que doit être et faire un
homme de bien; déjà il se met à l'instruire. Je
pense que le contact et la fréquentation de la
beauté lui permettent d'enfanter ce dont il était
gros; absent, présent, il y songe, et tous deux
nourrissent en commun le fruit de sa fécondité.
Ainsi, une intimité bien plus grande, un attache-
ment bien plus solide que ceux qu'entretient un
foyer les unissent, parce qu'ils jouissent en
commun de plus beaux et de moins périssables
d enfants. Il n'est personne, en effet, qui ne préfère
ces enfants-là à ceux des hommes et qui, songeant
à Homère, à Hésiode et aux autres grands poètes,
ne leur envie les descendants qu'ils ont laissés,
ces enfants eux-mêmes immortels qui leur valent
un renom et une gloire impérissables; ou encore,
ces enfants que Lycurgue a donnés à Lacédémone
et qui l'ont sauvée, elle et, on peut bien le dire,
la Grèce tout entière. De la même façon, vous
honorez Solon pour les lois dont il fut le père;
e sans parler de tant d'autres hommes en tant
d'autres pays, en Grèce comme chez les Barbares,
qui ont donné le jour à tant de grands ouvrages
et engendré tant de vertus; ces enfants-là leur
ont déjà valu bien des temples : en peut-on dire
autant des enfants des hommes[61] ?

Tels sont, Socrate, les mystères[62] de l'amour
210 a auxquels tu pourrais toi-même être initié; mais
le dernier degré et la révélation à laquelle conduit

la droite voie, j'ignore s'ils sont à ta portée. Je n'en continuerai pas moins à parler avec la même ferveur, et, si tu le peux, tâche de me suivre jusque-là!

Il est donc nécessaire que l'initié qui veut, par la voie droite, parvenir à ce but, commence tout jeune à rechercher la beauté dans les corps et qu'il n'aime d'abord, s'il a un bon guide, qu'un seul corps qui lui inspire de belles paroles; puis, qu'il se rende compte que la beauté de tel ou tel corps est pareille à celle de tel autre et qu'enfin, tant qu'on poursuit la beauté dans la forme, ne **b** pas voir que tous les corps n'ont qu'une seule et même beauté serait folie. Pénétré de cette pensée, il s'éprendra dès lors de la beauté en tous les corps, se dépouillera de toute passion qui serait fixée sur un seul, ne pouvant plus désormais que dédaigner et compter pour rien sa singularité. Après quoi, la beauté des âmes lui paraîtra tellement plus précieuse encore que, même s'il trouve une âme de qualité dans un corps médiocrement beau, il n'en demandera pas plus, l'aimera, l'entourera de soins, enfantant et **c** recherchant des paroles[63] capables de rendre sa jeunesse meilleure; de là, il sera nécessairement amené à considérer la beauté des actions et des règles et à voir qu'elle relève toujours de la même beauté originelle, en sorte qu'il donnera toujours moins de prix à la beauté des corps. Des actions, il s'élèvera aux connaissances, afin qu'il en découvre à son tour la beauté et que, mesurant du regard l'étendue déjà plus vaste du Beau, il **d** renonce à n'en aimer qu'un fragment, tel beau garçon, tel bel homme, telle belle action, comme un esclave avili par son esclavage, et que, tourné désormais vers le vaste océan du Beau, il enfante de nombreuses et admirables paroles et de ces pensées qu'inspire l'insatiable soif de la sagesse, jusqu'au jour où, fortifié, grandi par la contemplation, il discernera enfin une connaissance unique, celle du Beau dont je vais maintenant te parler.

e   Efforce-toi, poursuivit-elle, de me prêter ici
toute l'attention dont tu es capable. Celui que la
voie des mystères de l'amour aura conduit jusque-
là, après avoir gravi les degrés du beau, s'avan-
çant désormais vers le terme de cette initiation,
discernera soudain une beauté d'une nature merveilleuse, celle-là même à quoi tendaient tous ses
précédents efforts; beauté éternelle qui ne connaît
211 a naissance ni mort, accroissement ni diminution;
beauté qui n'est point belle en ceci, laide en cela,
ni belle un jour et pas le suivant, belle sous tel
rapport et sous tel autre laide, belle ici et laide
ailleurs, belle pour toi et laide pour moi; beauté
qui n'apparaît point avec un visage ou des mains
ou quoi que ce soit de charnel, qui n'est pas non
plus une parole ou une connaissance, pas davantage un être distinct, vivant au ciel ou sur la
b   terre, ou tout autre être imaginable; mais qui
reste en elle-même identique à elle-même éternellement elle-même, cependant que les choses
belles en participent, mais sans que leur naissance et leur mort ne lui enlèvent ni ne lui
ajoutent rien, sans qu'elles l'altèrent en aucune
façon. Lors donc qu'on s'est élevé, par une juste
conception de l'amour des garçons, des choses
de ce monde à cette beauté-là, si l'on commence
à l'entrevoir, c'est qu'on est tout près de toucher
au terme de l'initiation. En effet, la seule façon
c   correcte de s'initier ou d'être initié aux mystères
de l'amour est précisément de commencer par
les beautés de ce monde et de s'élever sans cesse,
comme par degrés, à cette Beauté-là, d'un beau
corps à deux, de deux à l'ensemble, de la beauté
des corps à celle des actions, de celle des actions
à celle des connaissances, pour aboutir enfin à
une connaissance dont l'objet n'est autre que
cette Beauté-là, et enfin apprendre ce qu'est le
Beau en soi.
d   S'il est, mon cher Socrate, reprit l'étrangère de
Mantinée, un temps de la vie entre tous où il
vaille la peine de vivre, c'est bien celui où l'on

commence à entrevoir la Beauté en soi. Qu'un jour il te soit donné de la voir, tu comprendras qu'elle n'est pas faite à la mesure de l'or, des vêtements élégants, du charme des adolescents et des jeunes gens dont la vue aujourd'hui vous trouble, toi et bien d'autres qui êtes prêts, pour jouir sans cesse de leur vue et de leur présence, à renoncer au manger et au boire (si c'était possible), quitte à être près d'eux et à les contempler seulement. Dès lors, comment nous imaginer les sentiments d'un homme qui verrait la Beauté **e** absolue, pure, sans mélange, non plus infectée de chair humaine, avec ses couleurs et autres balivernes mortelles, mais la Beauté divine en elle-même dans l'unicité de sa forme ? Penses-tu que ce serait pour l'homme une existence misérable que de vivre le regard fixé sur ce point, de **212 a** contempler cette beauté avec les yeux qu'il faut et d'être en communion avec elle ? Ne devines-tu pas, au contraire, que c'est seulement lorsque l'homme verra la Beauté avec ces yeux qui la rendent visible qu'il pourra concevoir non plus des images de vertu, car ce n'est plus à une image qu'il touchera, mais la réalité de la vertu, parce qu'il aura touché à sa réalité ? Et n'est-ce pas à celui qui conçoit et cultive la vertu réelle qu'il appartient de conquérir l'amitié des dieux et, s'il est un seul homme qui le puisse, leur immortalité ? **b**

Voilà donc, Phèdre, et vous, messieurs, le discours grâce auquel Diotime m'a convaincu ; et, à mon tour, j'essaie de convaincre les autres que, pour la conquête de ce bien, la nature humaine ne saurait trouver de meilleur auxiliaire que l'Amour. C'est pourquoi j'affirme que le devoir de tous est de l'honorer ; pour ma part, vous savez que je m'y applique avec passion et que j'en recommande à chacun l'exercice ; voilà pourquoi, non seulement ce soir mais tous les jours de ma vie, je ne cesse de louer la puissance et le courage de l'Amour, dans la mesure de mes moyens. **c**

Veuille voir en ce discours, Phèdre, un éloge de l'Amour; sinon, donne-lui le nom qu'il te plaira!

*

Or, comme on félicitait Socrate de son discours, Aristophane, de son côté, essayait de placer un mot : c'était à lui que Socrate avait fait allusion quand il avait parlé de ces moitiés... mais soudain, on heurta à la porte de la cour, il y eut un grand vacarme (c'étaient des fêtards sans
d doute) et l'on entendit la voix d'une joueuse de flûte. Alors Agathon s'écria : – Hé! garçons, qu'attendez-vous pour aller voir? Si c'est de mes amis, faites entrer; sinon, dites que nous avons cessé de boire et commencé à dormir.

Mais déjà on entendait dans la cour la voix d'Alcibiade[64], complètement ivre, et demandant à grands cris où était Agathon, qu'on le menât vers Agathon. On le conduit donc auprès d'eux, soutenu par la joueuse de flûte et un ou deux amis; il s'arrête sur le seuil, coiffé d'une épaisse
e couronne de lierre et de violettes, tout enguirlandé de bandelettes, et s'écrie : – Messieurs, bonsoir! Saoul comme je suis, c'est-à-dire plus que complètement, m'accepterez-vous encore pour convive? Ou faudra-t-il nous contenter de couronner Agathon, pour qui tout exprès nous sommes ici, puis nous sauver? Je dois vous dire qu'il ne m'a pas été possible de venir hier; c'est pourquoi j'arrive maintenant, avec ces bandelettes sur la tête, à seule fin d'en couronner celle, je le déclare bien haut, du plus sage et du plus beau! Hein? vous profiteriez de mon ivresse pour vous moquer?
213 a Riez, riez toujours! je sais bien que je dis vrai. Allons, décidez-vous : à ces conditions, puis-je entrer, ou pas? Oui ou non, boirez-vous avec moi?

Là-dessus, dans un tonnerre d'applaudissements, on l'invite à entrer et à prendre place.

Agathon l'appelle; il s'avance, conduit par ses compagnons, dénouant déjà ses bandelettes pour en couronner le poète; mais, comme elles lui tombent sur les yeux, il n'aperçoit pas Socrate et s'assied tranquillement entre Agathon et lui, qui **b** s'était écarté pour lui faire de la place. Sitôt assis, le voilà qui prend Agathon dans ses bras et lui passe ses bandelettes. – Déchaussez Alcibiade, garçons! dit alors Agathon, qu'il puisse faire le troisième sur le lit! – D'accord, répond Alcibiade. Mais qui est donc notre troisième buveur? Il se retourne, aperçoit Socrate et fait un bond en arrière : – Héraclès, à moi! Que vois-je? Socrate ici? C'est encore un piège que tu m'as **c** tendu en te couchant là, avec ta manie d'apparaître tout à coup là où je m'y attendais le moins! Qu'es-tu venu faire ici aujourd'hui? Et pourquoi as-tu choisi justement ce lit? Tu ne serais jamais à côté d'Aristophane ni de quelque autre farceur bien décidé à rire, mais tu auras tout fait pour avoir comme voisin le plus beau garçon de la soirée!

Et Socrate : – Songe donc à me défendre, Agathon, car aimer cet homme-là, quelle histoire! Du jour où j'en suis tombé amoureux, je **d** n'ai plus pu entretenir ni même regarder un seul beau garçon sans que celui-là, avec son caractère envieux et jaloux, ne fasse aussitôt je ne sais quelles folies, ne m'insulte et ne soit à deux doigts de me rosser! Veille donc à ce qu'il ne recommence pas ce soir; tâche de nous réconcilier ou, s'il fait mine de recourir à la violence, défends-moi, car pour ma part, je tremble autant devant sa passion que devant ses fureurs! – Non, non! pas question de réconciliation entre nous, dit Alcibiade. Quant à ce que tu viens de dire, tu ne perds rien pour attendre. Pour le **e** moment, Agathon, passe-moi de ces bandelettes, afin que j'en ceigne aussi la tête de cet homme (pas ordinaire, cette tête-là!), et qu'il n'aille pas me reprocher de t'avoir couronné toi et de

l'oublier lui, quand ses paroles triomphent de
tout le monde, non point une fois comme toi
avant-hier, mais tous les jours de sa vie! Ce
disant, il prend des bandelettes, en couronne
Socrate et s'étend sur le lit. – Allons, messieurs!
dit-il une fois installé. Seriez-vous devenus absti-
nents? Voyons, respectez nos conventions : premier devoir, boire! Donc j'élis président de la
beuverie, en attendant que vous soyez à niveau,
moi-même en personne! Agathon, qu'on m'apporte, s'il y en a, une grande coupe! Mais non!
214 a pas la peine! Garçon, apporte-moi plutôt ce seau
à glace! C'était un vase qu'il avait avisé, de huit
bonnes cotyles[65]. Quand on l'eut rempli, il le vida
le premier, puis, demandant qu'on servît Socrate,
ajouta : – Pour Socrate, messieurs, je n'y mets
aucune malice : car il videra tout ce qu'on voudra
sans être ivre pour autant!

Le garçon l'ayant servi, Socrate buvait, quand
Eryximaque intervint : – Quelles manières est-
ce là, Alcibiade? Nous resterions ainsi la coupe
b en main sans parler ni chanter, buvant comme
de vulgaires soiffeurs? Alors, Alcibiade : – Eryximaque, ô meilleur fils du meilleur père et du
plus sage, bonsoir! – Bonsoir à toi aussi, dit
Eryximaque. Mais qu'allons-nous donc faire? –
Ce que tu voudras! Il faut bien t'écouter, *puisque
le médecin vaut mille hommes à lui seul*[66]... Nous
attendons ton ordonnance. – Écoute, dit Eryximaque. Avant que tu arrives, nous étions convenus de faire chacun à tour de rôle, de gauche à
c droite, le plus beau discours possible, une sorte
d'hommage à l'Amour. Nous avons tous eu notre
tour; mais toi, qui cependant n'as fait que boire,
il n'est que juste que tu t'y mettes aussi; tu
prescriras ensuite à Socrate le sujet que tu voudras, Socrate un autre à son voisin de droite, et
ainsi de suite. – Excellente idée, Eryximaque!
dit Alcibiade. Mais confronter un homme ivre
avec des gens encore lucides, la partie n'est pas
égale! Avec ça, heureux homme, crois-tu un

traître mot de ce que Socrate vient de dire? Sais- **d**
tu bien que c'est tout le contraire? Car c'est lui
qui me rossera si j'ai l'audace d'en louer un autre
devant lui, fût-ce un dieu! – Vas-tu te taire! dit
Socrate. – Par Poséidon! dit Alcibiade, n'essaie
pas de protester, tu sais bien que je ne louerai
personne d'autre en ta présence! – Eh bien, soit!
dit Eryximaque. Prononce l'éloge de Socrate, si
tu veux. – Qu'est-ce que j'entends? dit Alcibiade. **e**
Tu penses qu'il me faut, Eryximaque... Est-ce que
je vais m'attaquer à cet homme et le châtier
devant vous? – Qu'a-t-il encore en tête, celui-
là? s'exclama Socrate. Tu veux faire mon éloge
pour rire, n'est-ce pas? Ou quoi? – Non point,
mais pour dire la vérité! À toi de voir si tu
l'acceptes. – La vérité, dis-tu? Bien sûr que je
l'accepte! Mieux : je l'exige! – Je n'y manquerai
pas, répondit Alcibiade. Convenons, d'ailleurs,
que, si je fais quelque entorse à la vérité, tu auras
toute licence de m'interrompre pour me dire où
j'aurai menti : car jamais je ne le ferai volontai-
rement. Si toutefois j'allais battre un peu la
campagne au hasard de mes souvenirs, ne t'en **215 a**
étonne pas : car il n'est pas facile, dans l'état où
je suis, d'évoquer avec aisance et quelque suite
dans les idées une nature aussi déroutante que la
tienne!

DISCOURS D'ALCIBIADE :
L'ÉLOGE DE SOCRATE

« Pour célébrer Socrate, messieurs, j'aurai
recours... à des images. Je laisse croire à notre
homme que c'est pour mieux en rire; en réalité,
mes images auront pour objet, non le rire, mais
la vérité. Donc, je déclare qu'il ressemble comme
un frère à ces silènes exposés dans les ateliers **b**
des sculpteurs, qui les représentent tenant un
pipeau ou une flûte; silènes qui, lorsqu'on les
ouvre par le milieu, laissent voir à l'intérieur des
statuettes de dieux[67]. De plus, je déclare qu'il

ressemble à Marsyas, au satyre Marsyas[68]. Qu'il y
ait entre vous un air de famille, toi-même, Socrate,
n'en disconviendras pas ; mais d'autres points
communs ? Écoute-moi : tu es un effronté rail-
leur. Quoi ? tu n'es pas d'accord ? Je pourrais
produire des témoins... Tu ne joues pas de la
flûte ? mais si, et autrement bien que lui ! Mar-
c syas, oui, charmait les hommes en soufflant dans
sa flûte, comme le font aujourd'hui encore tous
ceux qui jouent ses airs ; ceux qu'Olympe[69] jouait,
tenez ! je prétends qu'ils sont de Marsyas, qui fut
son maître. Et ces airs de Marsyas, qu'ils soient
interprétés par un bon flûtiste ou une exécrable
joueuse, sont les seuls qui puissent nous ensor-
celer et révéler du même coup ceux d'entre nous
qui ont besoin des dieux et des mystères, parce
que ce sont des airs divins. De toi à Marsyas, la
seule différence est que tu obtiens le même
résultat sans l'aide d'aucun instrument, par le
d seul pouvoir des paroles. Le fait est que nous
nous soucions comme d'une guigne (pardon !)
des paroles des autres, fussent-ils d'excellents
orateurs, tandis que, si c'est toi qui parles ou
même un médiocre orateur rapportant tes propos, nous voilà tous, hommes, femmes ou enfants,
étonnés et ensorcelés !

Moi du moins, messieurs, si je ne risquais de
passer pour irrémédiablement ivre, je vous conte-
rais, foi d'Alcibiade ! dans quel état m'ont mis et
me mettent encore ses paroles. C'est bien simple : je
ne peux pas l'écouter sans que le cœur ne me
e batte pis qu'aux corybantes[70] et que ses propos
ne m'arrachent des larmes ! Et je constate qu'il
n'est personne qui en réchappe. Quand j'écoutais
un discours de Périclès ou de tel autre brillant
orateur, je me disais, oui ! qu'il parlait bien, mais
sans rien éprouver de comparable, sans que mon
âme se sentît troublée ou reconnût, indignée, son
état de servitude. Tandis que ce sacré Marsyas-là
est arrivé plus d'une fois à me faire avouer que
216 a je menais une vie impossible. Et là, Socrate, tu

ne vas pas dire que j'en raconte! Maintenant encore, je sens que, si je devais lui prêter l'oreille, je n'y tiendrais pas et repasserais par de semblables affres. Figurez-vous qu'il me contraint à reconnaître que, malgré toutes mes insuffisances, je préfère me mêler des affaires des Athéniens à m'occuper des miennes! Me voilà donc forcé de me sauver en me bouchant les oreilles, comme devant les Sirènes, sinon je risquerais de vieillir à ses côtés! Et puis, c'est le seul homme devant **b** qui, le croirait-on de moi? je rougisse. Oui, c'est devant lui seul qu'il m'arrive d'éprouver quelque honte! Car je sais d'avance que, bien qu'incapable de rien redire à ses conseils, à peine aura-t-il le dos tourné, je céderai de nouveau à la faveur populaire. Je l'évite, je le fuis et, quand je l'aperçois, je rougis de mes précédents aveux. Que de fois n'ai-je pas souhaité le voir à tous les **c** diables! Mais, si c'était le cas, je sais aussi que j'en serais encore dix fois plus triste; allez donc débrouiller les sentiments que j'éprouve à son endroit!

Voilà dans quels états cette espèce de satyre m'a mis, moi et bien d'autres, avec ses airs de flûte. Mais laissez-moi préciser encore cette ressemblance et insister sur son merveilleux pou- **d** voir. Personne de vous ne le connaît, sachez-le bien; moi, j'irai jusqu'au bout et je le démasquerai! Vous avez pu constater par vous-mêmes la passion de Socrate pour les beaux garçons; toujours à leur tourner autour, il semble leur être fort sensible; avec ça, si l'on en croit les apparences, monsieur ignore tout, monsieur ne sait rien! Cela n'est-il pas très silénique? Et comment! Ce sont les dehors dont il s'enveloppe à l'instar des silènes sculptés; mais quand il s'ouvre, messieurs les convives, vous n'avez pas idée de la sagesse qui déborde de lui! Sachez-le : pas plus qu'il ne se soucie de la beauté d'un homme, pour laquelle son mépris est à peine croyable, il ne s'inquiète de sa richesse ou d'aucun de ces **e**

honneurs dont rêve le vulgaire, considérant que
tous ces biens n'ont aucune valeur et que nous-
mêmes ne sommes rien : tenez-vous-le pour dit!
Il passe son temps à faire le naïf et le gamin avec
les gens; mais quand il s'ouvre et devient grave,
je ne sais si personne a jamais vu les statuettes
cachées dedans; moi je les ai vues un jour, et
elles m'ont semblé si précieuses, si divines, si

217 a parfaitement belles et si merveilleuses que, du
coup, j'en ai perdu le pouvoir de m'opposer dès
lors un seul instant à aucune de ses volontés!

Comme je le croyais sérieux quand il louait ma
beauté en fleur, je m'imaginai que ce serait pour
moi une bonne fortune et une aubaine extraordinaire que de lui accorder mes faveurs : car j'en
pourrais tirer alors tout, absolument tout ce qu'il
savait. C'est dire quelle opinion j'avais de ma
beauté! Dans cette idée, je renvoyai un beau jour
la personne qui m'accompagnait d'ordinaire quand
j'étais avec lui, et nous restâmes en tête-à-tête...

b Je vous dois ici toute la vérité; mais suivez-moi
bien, et si je mens, Socrate, reprends-moi! Nous
étions donc, messieurs, seul à seul, et, m'imagi-
nant qu'il allait aussitôt me débiter ces choses
que disent les amants quand ils sont seuls avec
ce qu'ils aiment, je m'en réjouissais déjà. Mais il
n'en fut rien du tout, puisqu'il me quitta après
une journée passée, comme à l'ordinaire, en
entretiens. Je l'invitai alors à m'accompagner au

c gymnase où je lui fis partager mes exercices dans
l'espoir d'avancer ainsi mes affaires. Souvent
nous nous exerçâmes et luttâmes ensemble sans
témoins; que vous dire? Je n'y gagnai rien du
tout. Devant ces échecs répétés, je résolus de
recourir aux grands moyens et de ne pas en
démordre, puisque après tout j'étais embarqué,
avant que d'en avoir eu le cœur net. Je l'invitai
donc à souper avec moi, tout comme un amant
qui a des vues sur ce qu'il aime. Il ne se montra

d pas fort pressé d'accepter, mais enfin, avec le
temps, se laissa faire. La première fois, il voulut

partir sitôt après le souper; la honte, ce soir-là, m'empêcha de le retenir. À la seconde tentative, lorsque nous eûmes mangé, je l'entretins fort avant dans la nuit et, quand il fit mine de partir, je pris prétexte de l'heure tardive pour le contraindre à rester.

Il s'étendit donc sur le lit, voisin du mien, où il avait soupé, et il n'y avait personne dans la chambre que nous... Jusqu'ici, tout allait bien, et **e** mon récit n'avait rien de choquant pour personne; mais, dès maintenant, je préférerais me taire, si l'on ne disait pas, d'une part, que *la vérité est dans le vin*[71] (ou *dans la bouche des enfants*, si vous voulez), et si, d'autre part, il ne me semblait pas injuste, après s'être embarqué dans un éloge de Socrate, d'en passer sous silence un trait aussi admirable. De plus, je suis, moi qui vous parle, dans l'état d'un homme mordu par une vipère; on prétend en effet qu'ils ne veulent parler de leur accident qu'à ceux qui ont été mordus aussi, ces derniers étant les seuls qui **218 a** puissent comprendre et excuser les bizarreries de conduite et de langage où la douleur les a entraînés. Or, j'ai été mordu par quelque chose de plus venimeux que la vipère, et au point le plus sensible qui se puisse... cœur, âme, appelez ça comme vous voudrez! Oui, c'est là que j'ai été blessé et mordu par les paroles de la philosophie qui, plus virulentes que la vipère lorsqu'elles s'en prennent à une âme neuve et point sans talent, finissent par lui faire dire et faire n'importe quoi... Or, moi qui ai devant les yeux des Phèdre, des Agathon, des Eryximaque, des Pausanias, des **b** Aristodème et des Aristophane (sans parler de Socrate et de bien d'autres!), qui tous connaissent les fureurs et les délires philosophiques... je sais que vous m'écouterez et me pardonnerez mes actes d'alors et mes dires d'aujourd'hui! Quant à vous, serviteurs, et vous, s'il en est, profanes ou rustres, fermez de grandes portes sur vos oreilles[72]!

Or donc, messieurs, la lampe une fois éteinte
c et les esclaves sortis, je crus sage de ne pas jouer
au plus fin avec lui et de lui dire ouvertement
mon idée. Je le poussai donc en murmurant :
– Socrate, tu dors? – Pas du tout, répondit-il. –
Tu sais ce que j'ai pensé? – Quoi donc, au
juste? – Eh bien! que tu étais le seul amant
digne de moi, et que tu sembles hésiter à me
faire ta déclaration. Or, voici mon sentiment : je
trouverais tout à fait absurde de ne pas te complaire
sur ce point, comme d'ailleurs sur d'autres, au
d cas où ma fortune ou mes amis pourraient t'être
utiles. Car rien ne me tient plus à cœur que de
me perfectionner, et je doute que je puisse trouver ailleurs un auxiliaire plus qualifié pour cela.
Et j'aurais même bien plus de honte, devant des
gens intelligents, à avoir refusé mes faveurs à un
homme comme toi, que, devant une foule d'imbéciles, à te les avoir accordées! À l'ouïe de ces
paroles, Socrate, avec cet air tout à fait naïf qui
est si bien à lui et dont il est coutumier, me dit :
– Eh bien! cher Alcibiade, tu ne m'as pas l'air
si étourdi que ça, s'il est vrai que je possède les
e dons que tu m'attribues et le pouvoir de te rendre
meilleur. Sans doute auras-tu vu en moi une
beauté peu commune et infiniment supérieure à
la grâce qui est la tienne; et si cette découverte
t'engage à la partager avec moi et à échanger
beauté contre beauté, ce n'est pas une mauvaise
affaire que tu combines à mes dépens, puisque
tu n'entreprends rien moins que d'acquérir une
beauté réelle à la place d'une apparence de
beauté, c'est-à-dire, en fait, de troquer *du cuivre*
219 a *contre de l'or*[73]. Mais commence par t'assurer,
heureux homme, que tu ne te méprends pas sur
le rien que je suis! Car le regard de la pensée ne
s'aiguise que lorsque la vue commence à baisser :
et tu en es encore fort loin! Je lui répondis alors :
– C'était mon sentiment, voilà tout. Et je ne t'ai
rien dit que je ne pense. Mais décide toi-même
de ce qui te semblera le meilleur pour nous deux.

– Bonne idée! dit-il. Ces jours prochains, nous chercherons ensemble la meilleure conduite à **b** tenir sur ce point comme sur les autres. Après cet échange de propos jetés comme des flèches, je me figurais l'avoir enfin blessé. Je me levai donc et, sans lui laisser placer un mot, le couvris de mon manteau (c'était l'hiver), me couchai sous sa pelure[74] et, entourant de mes bras cet homme vraiment merveilleux et divin, je passai **c** ainsi toute la nuit. Et tu ne vas pas dire, Socrate, que je brode! J'eus beau faire, il triompha; dédaigna, ridiculisa, bafoua cette beauté en fleur qui était justement mon meilleur atout, messieurs les juges (je vous fais juges, en effet, de son outre-cuidance)! Oui, sachez-le, par les dieux et les déesses, lorsque s'acheva cette nuit passée avec Socrate, je me retrouvai tel que si j'avais **d** dormi avec mon père ou mon frère aîné!

Vous voyez d'ici dans quel état me mit l'aventure! D'un côté, je me croyais déshonoré, et de l'autre je ne pouvais qu'admirer une nature aussi tempérante et aussi vaillante. J'avais rencontré un homme dont personne, pensais-je, ne pouvait approcher la sagesse et la fermeté. Tant et si bien que je ne pouvais ni me fâcher et me passer de sa présence, ni trouver le moyen de l'amener où je voulais. Je le savais en effet moins vulnérable **e** à l'argent qu'Ajax ne l'était au fer; et sur le seul point où je croyais pouvoir le prendre, il m'avait échappé! Ainsi j'errais, désarmé, et réduit par cet homme à un esclavage presque incroyable.

Cette aventure était déjà de l'histoire ancienne quand la campagne de Potidée[75] nous réunit derechef, à la même table. Disons tout de suite que Socrate soldat l'emportait en endurance non seulement sur moi, mais sur toute l'armée. Chaque fois que, coupés de nos réserves comme il arrive fréquemment en campagne, nous en étions réduits à la portion congrue, personne ne savait le supporter comme lui; quand nous festoyions, en **220 a** revanche, il était le seul à savoir vraiment en

jouir, et surtout pour le boire; ce n'est pas qu'il
aimât boire, d'ailleurs; mais, si on l'y forçait, il
tenait tout le monde en échec; et le plus fort est
qu'aucun soldat n'a jamais pu se vanter de l'avoir
vu ivre. (Vous-mêmes pourriez bien en avoir une
nouvelle preuve tout à l'heure!) Devant les rigueurs
de l'hiver (car les hivers, là-bas, sont terribles),
b son endurance n'était pas moins étonnante. Ainsi,
un jour qu'il y avait une gelée épouvantable et
que tous les soldats restaient emmitouflés, les
pieds ficelés et entortillés dans du feutre ou des
peaux d'agneau, on le vit sortir vêtu de son
éternelle pelure et marcher nu-pieds sur la glace
plus aisément que ceux qui étaient chaussés; et
les soldats, pensant qu'il voulait les braver, le
c regardaient de travers. Mais en voilà assez sur ce
chapitre.

Et pourtant… *Ce que fit, ce qu'endura ce brave*[76],
en une autre occasion, lors de la même campagne, mérite encore d'être relevé : enfermé dans
sa méditation, il était resté planté depuis l'aube
au même endroit, poursuivant une idée; et,
voyant qu'il n'aboutissait pas, loin de renoncer,
il s'entêtait. Il était déjà midi, les hommes l'ob-
servaient stupéfaits et allaient se répétant de l'un
à l'autre que Socrate, abîmé dans ses pensées,
n'avait pas bougé de là depuis le petit jour. Enfin,
le soir venu, quelques-uns de ceux qui l'obser-
d vaient, sitôt qu'ils eurent mangé, sortirent leurs
lits de camp (car on était en été) et couchèrent à
la belle étoile pour l'épier et voir s'il resterait
encore debout pendant la nuit. Or, il ne bougea
pas avant que ne vînt l'aube et que le soleil ne se
levât. Alors, il adressa à l'astre sa prière, et s'en
fut.

Mais suivons-le maintenant au combat, voulez-
vous? Car il faut là aussi lui rendre justice. Dans
la bataille à l'issue de laquelle les généraux me
e décorèrent, savez-vous qui me sauva la vie? Lui
encore, qui, refusant de m'abandonner blessé
comme je l'étais, sauva tout à la fois mes armes

et ma vie! C'est alors, Socrate, que je suggérai aux généraux de te décorer plutôt que moi. (Voilà encore un geste qui ne doit m'attirer ni démenti ni reproche de ta part, j'espère!) Mais les généraux, qui n'avaient d'yeux que pour mon rang, s'obstinant à me faire accepter, ce fut encore Socrate qui s'obstina le plus. Un autre beau spectacle, messieurs, ce fut Socrate à Délion[77], **221 a** quand notre armée battit en retraite. Le hasard voulut que je fusse près de lui, moi à cheval, lui chargé comme un fantassin; il s'avançait en compagnie de Lachès[78] au milieu de la débandade générale; c'est alors que je les rencontrai; je les avais à peine aperçus que je leur criai de tenir bon en leur promettant de ne pas les abandonner. En cette occasion, je pus observer Socrate bien mieux qu'à Potidée; être à cheval me rendait quelque assurance. Ce que je constatai d'abord, c'est qu'il avait infiniment plus de sang-froid que **b** Lachès. Puis, j'observai qu'il circulait sur ce champ de bataille exactement comme dans les rues d'Athènes, *en se rengorgeant et jetant des regards de travers*[79], comme tu l'as si bien évoqué, Aristophane; il considérait amis et ennemis avec le même calme, et son regard proclamait bien haut que, si on s'avisait de se frotter à lui, on serait fort mal reçu! Aussi pouvaient-ils se retirer en toute sécurité, lui et son compagnon; à la guerre, en effet, on n'aime pas trop s'en prendre à ces gens-là, préférant se jeter sur les talons de ceux qui déguerpissent. **c**

Il y aurait encore beaucoup à dire à la louange de Socrate, et de quoi s'émerveiller longtemps. Mais, sur d'autres points, il se peut qu'on en puisse dire autant de quelqu'un d'autre; où il mérite notre admiration sans réserve, c'est là où il est sans égal dans le passé comme dans le présent. Les qualités d'Achille, en effet, se retrouveraient peut-être en Brasidas ou en tel autre, celles de Périclès en Nestor, en Anténor, que sais-je[80]? De même pour bien d'autres héros. On **d** pourrait aller loin, en revanche, pour trouver étrangeté pareille à celle de notre homme et de ses propos, à moins qu'on ne le compare, lui et eux, à ceux que j'ai dit, qui ne sont point des mortels, les silènes et les satyres ! Je dis lui et eux, car j'ai négligé de préciser en commençant

e que ses propos eux-mêmes sont on ne peut plus semblables aux silènes qui s'ouvrent. En effet, quand vous prêtez l'oreille aux discours de Socrate, vous seriez tentés d'abord de les trouver parfaitement grotesques ; les mots et les phrases qui en forment l'enveloppe extérieure ressemblent à la peau d'un satyre insolent : il ne vous parle que d'ânes bâtés, de forgerons, de cordonniers, de corroyeurs[81], avec l'air de redire sans cesse la même chose sous la même forme, si bien qu'il n'est ignorant ni sot qui ne commence par en

222 a rire. Mais, pour peu qu'on voie ces discours s'ouvrir et qu'on pénètre à l'intérieur, on découvre d'abord qu'ils sont les seuls qui aient un sens, puis, qu'il n'en est pas de plus divins ni qui renferment plus d'images de vertu, ni qui tendent à un plus haut but, celui-là même que doit avoir toujours devant les yeux quiconque veut devenir un honnête homme.

Voilà, messieurs, les vertus que je loue en Socrate. Pour ce qui est de mes griefs, vous les aurez vus entremêlés au récit de ses insolences envers moi, encore que je sois loin d'être le seul

b qu'il ait ainsi traité. Songez seulement à Charmide[82], fils de Glaucon, à Euthydème, fils de Dioclès, sans parler de combien d'autres qu'il a bernés en faisant l'amoureux quand c'était toujours lui le bien-aimé ! Te voilà averti à ton tour, Agathon ! Tâche de ne pas te laisser berner par ce gaillard ! Tire le leçon de nos mésaventures et ne fais pas comme le gamin du proverbe, qui *rien n'apprend qu'à ses dépens*[83].

c Quand Alcibiade eut fini, chacun rit beaucoup de son franc parler, voyant bien qu'il était resté très entiché de Socrate. Ce dernier prit alors la parole : — Tu m'as l'air encore fort lucide, Alcibiade, pour avoir si habilement tenté de dissimuler, sous ces élégantes périphrases, le but auquel tendait chacun de tes propos, et n'avoir montré le bout de l'oreille qu'à la fin, tout incidemment ; comme si chaque mot de ton discours ne tendait pas uniquement à nous brouiller, Agathon et moi, sous prétexte que je **d** n'ai le droit d'aimer personne que toi, et Agathon de n'accepter que toi pour amoureux et personne d'autre ! Mais nous t'avons percé à jour, et ton petit drame satyrique et silénique était cousu de fil blanc. Veillons donc, mon cher Agathon, à ce qu'il n'y gagne rien, et fais en sorte que personne ne nous brouille, toi et moi ! Agathon répondit : — Ma foi ! Socrate, il y a des chances que tu voies juste ; j'en trouve un indice dans le fait qu'il se soit installé entre nous deux, comme pour **e** mieux nous séparer. Mais il n'en sera pas plus avancé, car je vais à l'instant m'étendre à tes côtés ! — Parfait ! dit Socrate, viens ici, installe-toi à ma droite ! — Ô Zeus, s'écria Alcibiade, cet homme-là m'en aura fait voir de toutes les couleurs ! Il se croit obligé de me battre à tout coup ! Au moins, singulier personnage, laisse Agathon prendre place entre nous deux ! — Rien à faire, répliqua Socrate. Tu viens de faire mon éloge, et je dois faire celui de mon voisin de droite ; si donc Agathon s'installe sur le lit entre nous, tu ne voudrais pas qu'il refasse un éloge de moi avant que je n'aie fait le sien ? Laisse donc, divin **223 a** ami, et ne sois pas jaloux de ce jeune homme si je fais son éloge : car j'en ai grande envie. — Hourra ! s'écria Agathon. Tu vois, Alcibiade, il n'y a pas moyen que je reste ici, il faut absolument que je change de place, afin d'avoir mon éloge par Socrate ! — C'est toujours la même histoire, soupira Alcibiade. Quand Socrate est là, adieu les beaux garçons ! Maintenant encore, il n'aura pas été long à trouver un prétexte captieux pour qu'Agathon prenne place à son côté ! ...»

*

b   Agathon se levait donc pour s'étendre auprès
de Socrate, quand survint tout à coup une bande
de fêtards qui, trouvant les portes ouvertes parce
que quelqu'un était sorti, entrèrent droit dans
la salle et s'attablèrent aussitôt. Le vacarme
submergea tout, jusqu'au bon ordre de la soirée,
et l'on en fut réduit à boire immodérément.

Alors Eryximaque, Phèdre et quelques autres
s'en allèrent. Aristodème, n'ayant pu résister plus
c longtemps au sommeil, dormit abondamment,
car les nuits étaient encore longues : c'était déjà
le jour et les coqs chantaient quand il se réveilla.
Il s'aperçut que les convives s'étaient endormis
ou retirés; les derniers éveillés étaient Agathon,
Aristophane et Socrate, buvant encore dans une
grande coupe qu'ils se passaient de gauche à
droite. Socrate les entretenait. Aristodème disait
avoir oublié le sujet de leur conversation, car il
d en avait manqué le début et se sentait, d'ailleurs,
somnolent. Mais l'essentiel en était que Socrate
les amenait à reconnaître qu'il appartient au
même homme de composer tragédie et comédie,
et qu'un bon poète tragique est aussi poète
comique[84]. Eux se laissaient faire, ne suivaient
plus très bien, s'assoupissaient doucement. Aristophane fut le premier à s'endormir, puis, le jour
venu, Agathon l'imita.

Socrate, les ayant ainsi amenés au sommeil, se
leva pour partir, et lui, comme d'habitude, le
suivit. Socrate prit le chemin du Lycée[85] et, après
s'être débarbouillé, passa la journée comme à
son ordinaire et, vers le soir, rentra chez lui se
reposer.

NOTES

1. Ce disciple passionné de Socrate apparaît dans un autre dialogue de Platon, le *Phédon*, où il semble souffrir plus qu'aucun autre de la perte de son maître.

2. Un des ports d'Athènes, à environ 3, 5 km de la ville.

3. Célèbre poète tragique athénien, élève du sophiste Gorgias. Aristophane écrit de lui dans les *Thesmophories* : « Agathon avait un beau visage blanc et glabre, des chairs tendres, une voix de femme et un air attachant. »

4. En 416. Agathon, plus tard, quitta Athènes pour la cour du roi de Macédoine.

5. Autre disciple fanatique de Socrate. Xénophon en parle dans ses *Mémorables,* I, 4.

6. C'est donc lui qui fait à des amis le récit du banquet : encore est-ce le récit d'un récit, puisqu'il n'y assistait pas lui-même et tient ses renseignements d'un autre disciple de Socrate, Aristodème. Pourquoi tant de détours ? C'est sans doute, d'abord, que cette curiosité autour du banquet, ces questions sur sa date, sur les personnages qui y assistaient, permettent à Platon de donner plus de vraisemblance à un récit fictif. L'introduction relie la philosophie du banquet à la vie quotidienne en en faisant le sujet d'une conversation entre amis. Mais M. R. Schaerer, dans *La Question platonicienne* (Neuchâtel, 1938), suppose que le discours indirect, chez Platon, a un sens profond : les problèmes auxquels il touche, en effet, sont trop graves pour qu'on puisse en parler directement.

7. Le proverbe grec dit exactement : « Les gens de bien vont d'eux-mêmes aux repas de bien. » Or, au génitif pluriel, « gens de bien » s'écrit en grec *agathôn*. J'ai essayé de rendre une partie du calembour par une assonance : tragédiens – gens très bien.

8. Homère, *Iliade,* II, 408.

9. Homère, *Iliade,* X, 226.

10. Dionysos, dieu du vin. C'est dire, à peu près : « Nous en jugerons verre en main. »

11. Après chaque repas, on faisait trois libations, au son de la flûte, à différents dieux ; on chantait un péan ; puis on se mettait à boire. Les banquets suivis d'entretiens étaient fréquents.

12. Acoumène était médecin comme son fils, et médecin célèbre. Dans un autre dialogue *(Phèdre),* on voit le jeune Phèdre faisant de la marche pour obéir à ses préceptes d'hygiène.

13. Phèdre, jeune et tendre adolescent, élève de Lysias. *Cf.* le beau dialogue qui porte son nom.

14. Euripide avait écrit deux *Mélanippe,* dont il ne reste que des fragments.

15. Les sophistes étaient des maîtres d'éloquence dont la vogue, en Grèce, fut extraordinaire ; il suffit de lire, à ce propos, l'amusant début du *Protagoras* de Platon. Les premiers sophistes, comme Protagoras ou Gorgias, étaient également philosophes ; leur idée étant que les mots sont incapables d'exprimer la réalité, ils aboutirent rapidement au scepticisme absolu et menacèrent de saper le fondement de la connaissance, qui est le langage lui-même. Leur art ne fut plus bientôt que celui d'user des mots dans tous les sens de manière à toujours triompher de l'interlocuteur ; la rhétorique y gagna ce que la connaissance de la vérité y perdit. C'est pourquoi Socrate s'opposa toute sa vie à leur influence. Tous les orateurs de la première partie du *Banquet* sont leurs élèves, et le montrent bien. Et toute la seconde partie est une réfutation de la rhétorique par la dialectique.

16. Prodicos de Céos, contemporain de Socrate, spécialiste de la propriété des termes.

17. Agathon et Pausanias se voient plusieurs fois cités comme exemple de grands amoureux. *Cf.* Index.

18. Phèdre est grand admirateur du fameux orateur Lysias ; dans le dialogue qui porte son nom, on le voit se promener aux environs d'Athènes avec le texte d'un discours de Lysias sous le bras. Il se peut que son discours soit écrit dans la manière de ce rhéteur. Il est rempli de mythologie, et les mythes reviendront souvent dans *Le Banquet*. Jusqu'à quel point les intellectuels du temps y croyaient-ils ? Ni plus ni moins, sans doute, que beaucoup de nos contemporains au récit de la Genèse. Pour Platon lui-même, le mythe est un moyen d'approcher l'ineffable que la logique ne peut exprimer.

19. Hésiode, *Théogonie*, 117-118.

20. Acousilaos, d'Argos, vers 475 av. J. C. Auteur de plusieurs livres de généalogie.

21. Homère, *Iliade*, X, 482.

22. *Cf.* l'*Alceste* d'Euripide.

23. Orphée périt mis en pièces par les Ménades, suivantes de Dionysos.

24. Homère, *Iliade*, XVIII, 94, et IX, 414.

25. Eschyle, *Myrmidons*, fr. 135-136.

26. Homère, *Iliade*, XI, 786.

27. Pour la forme, le discours de Pausanias est une parodie de la manière d'Isocrate, avec ses périodes, ses balancements et ses figures de rhétorique. Pour le fond, c'est un plaidoyer en faveur de l'amour masculin (voir Introduction, p. 14).

28. Il y avait en effet deux cultes et deux temples d'Aphrodite à Athènes. Selon certains auteurs, le temple de l'Aphrodite vulgaire aurait été fondé avec le revenu des maisons de passe (*cf.* Index, s. v. Aphrodite).

29. La législation de la pédérastie paraît avoir été, comme le dit Pausanias, très variable selon les époques et les régions.

30. En 514, deux jeunes Athéniens, Harmodios et Aristogiton, s'étaient entendus pour renverser la tyrannie d'Hippias et d'Hipparque. Tous deux trouvèrent la mort dans ce complot.

31. Homère, *Iliade*, II, 71.

32. En grec : *Pausaniou pausamenou*, « Pausanias ayant terminé ». Encore une allusion de Platon au cliquetis verbal des sophistes.

33. Le discours d'Eryximaque est la parodie d'un autre sophiste, Hippias d'Élis, qui prétendait être renseigné sur tout (voir Introduction, p. 15).

34. Il désigne Aristophane et Agathon.

35. Il s'agit du fragment d'Héraclite Diels 51.

36. On sait que le grand poète comique n'a pas peu contribué à la condamnation de Socrate par l'injuste caricature qu'il en a faite dans *Les Nuées* ; et le discours d'Alcibiade, dans la troisième partie, peut bien être lu comme une sorte de réponse à ce texte cruel. Néanmoins, Platon a montré une profonde compréhension du génie d'Aristophane en lui faisant tenir le plus beau discours de cette première partie, mélange de bouffonnerie et de gravité qui parodie admirablement le style aristophanesque. Par ailleurs, l'invention des hommes-sphères n'est pas si bouffonne qu'un moderne serait tenté de le croire ; elle se rattache en effet à la cosmogonie d'Empédocle, remarquable philosophe du Vᵉ qui a beaucoup influencé Platon. *Cf.* sur Empédocle, comme sur les autres penseurs présocratiques, l'anthologie de M. Jean Voilquin aux éditions Garnier : *Les Penseurs grecs avant Socrate*, et sur ce discours, Introduction, p. 18.

37. *Couper des œufs avec un cheveu :* proverbe sans doute, mais obscur.

38. Les Anciens pensaient que les cigales enfouissent leurs œufs dans le sable au moyen d'un aiguillon pour les faire couver par le soleil.

39. La *tessera* des Latins, le *symbolon* des Grecs, était un petit objet, tablette, osselet, jeton, dont l'hôte et l'invité gardaient chacun une moitié qui se transmettait à leurs descendants, leur permettant de se reconnaître plus tard en rejoignant les deux fragments.

40. En 385, les Lacédémoniens, après avoir détruit Mantinée, en dispersèrent les habitants dans les bourgs voisins. Anachronisme, puisque le dialogue est censé avoir lieu en 416 (sur ces dates, voir Introduction, p. 8).

41. Le poète devait présenter sa troupe au public avant le concours.

42. Le discours d'Agathon est bien ce qu'on attendait du personnage : feu

d'artifice verbal imité du fameux sophiste Gorgias, son maître. Ses prétendus raisonnements sont souvent de simples jeux de mots, et l'excès même de cette rhétorique semble fait pour mieux mettre en valeur ce qui suit, la partie proprement dialectique du *Banquet*. Je m'étonnerais cependant que tout, dans ce discours, fût à considérer comme parodie. Platon a sans doute glissé jusque-là, parmi les grâces oratoires, quelques indications sur l'amour qui méritent méditation. *Cf.*, par exemple, S. Weil, *La Connaissance surnaturelle,* p. 18, N. R. F. , 1950 et voir Introduction, p. 21.

43. Homère, *Odyssée,* XVII, 218.

44. Hésiode dans sa *Théogonie. Cf.* la belle traduction d'Hésiode dans *Les Belles Lettres,* par M. Mazon. Il ne nous reste que des fragments de Parménide où l'on ne trouve rien de semblable.

45. Homère, *Iliade,* XIX, 92. Até est la déesse du malheur.

46. Citation d'Alcidamas, élève de Gorgias.

47. Citation d'une *Thyeste* perdue de Sophocle.

48. Proverbe tiré d'une *Sténébée* perdue d'Euripide.

49. Socrate ironise en renchérissant sur les «gorgianismes» d'Agathon.

50. Homère, *Odyssée,* XI, 632 : «La peur blême me saisissait : la vénérable Perséphone n'allait-elle pas m'envoyer de chez Hadès la tête de Gorgo, le terrible monstre?» Jeu de mots sur Gorgo, dont la vue changeait les hommes en pierre, et Gorgias.

51. Le jeu des questions et réponses auquel se livre Socrate avant de répondre aux discours des précédents orateurs, et qui constitue ce que l'on a nommé la *dialectique* socratique, peut paraître au lecteur moderne presque aussi verbal que la rhétorique sophistique. Mais il faut faire remarquer ceci : avant Socrate, la philosophie grecque considérait le langage comme une émanation des objets nommés ; le monde étant essentiellement fluide et changeant, on ne pouvait plus espérer aucune rectitude de langage, et toute connaissance devenait impossible. Platon, cependant, découvre dans le *Cratyle* que les mots ne sont peut-être, en réalité, qu'une imitation des objets, comme l'image imite un modèle. Il faut donc s'en méfier, puisqu'ils ne sont qu'image ; mais, puisqu'ils ne sont pas liés aux objets, ils peuvent avoir une certaine rectitude qui n'est pas dans les objets. Il faut donc s'en contenter. Au début, la dialectique n'est pas autre chose qu'une méthode pour contrôler la rectitude du langage et rechercher, tant bien que mal, la vérité. Celle-ci est ineffable ; elle échappe à toute définition. Mais on peut l'approcher. Les mots sont des approximations.

52. M. Robin, dans son introduction au *Banquet,* a donné d'excellentes raisons contre l'historicité du personnage de Diotime. Je n'en citerai que la plus profonde : celle qui veut qu'à un certain moment du discours la dialectique, impuissante à parler des mystères de l'Amour, cède le pas à l'inspiration poétique et mystique. Pour dire l'indicible, Platon devait passer par la bouche d'une prêtresse et d'une inspirée (voir Introduction, p. 25).

53. Démon, naturellement, non dans le sens d'esprit du mal, mais de génie. C'est un médiateur, peut-être comparable aux anges du christianisme. La notion d'intermédiaire, de mixte, de rapport, joue un rôle essentiel dans la philosophie platonicienne ; elle en est une des plus fécondes découvertes. *Cf.* J. Souilhé, *La notion platonicienne d'intermédiaire dans la philosophie des dialogues,* Paris, 1919.

54. Le mythe de la naissance de l'Amour exprime l'ambiguïté de notre nature : sa grandeur et sa misère, dira Pascal. Il répond directement à la brillante péroraison d'Agathon.

55. *Poièsis,* en grec, signifie création. C'est dans ce sens que nous avons dû prendre ici le mot *poésie.*

56. Citation, probablement.

57. Allusion, naturellement, au discours d'Aristophane, contre laquelle il tentera en vain de s'élever tout à l'heure.

58. Ilythie, déesse présidant aux accouchements.

59. Je crois que cette comparaison ne s'applique pas tant au savoir de Diotime qu'au langage recherché dont elle use dans ce passage. Eduard Norden, dans *Die antike Kunstprosa,* Leipzig, 1898, a relevé ici plusieurs parties métriques, des

répétitions de mots, d'audacieuses inversions qui sont dans le goût des sophistes. Dans l'Antiquité déjà, on aurait reproché à Platon le caractère trop rhétorique de ce passage. Mais peut-être n'est-ce encore qu'ironie. Le ton change et s'épure dès que Diotime a dépassé les premiers degrés de l'initiation.

60. Un oracle ayant promis aux Doriens la victoire sur Athènes s'ils n'en tuaient pas le roi, celui-ci, Codrus, se déguisa en simple soldat et réussit à se faire tuer pour conserver la royauté à ses descendants.

61. Ces hommes étaient en effet considérés comme des héros bienfaiteurs.

62. On remarquera que nombre de comparaisons faites par Diotime sont empruntées au langage des mystères et à la tradition orphique, qui semble bien avoir été une des sources la plus profondes de la pensée grecque. L'orphisme est une religion de la mort considérée comme une délivrance. Les deux idées essentielles en sont peut-être celles de la mort et de la résurrection de Dionysos, et celle de la purification morale nécessaire pour être admis à l'initiation et à la révélation. *Cf.* G. Méautis, *Platon vivant*, Albin Michel, 1950.

63. Je traduis ici *logos* par parole dans le sens religieux du terme, d'accord avec M. Brice Parain dans son remarquable *Essai sur le Logos platonicien*, N. R. F., 1942.

64. Alcibiade, au moment du banquet, est au comble de la popularité. Il a trente-cinq ans environ. Un an plus tard, il entraînera les Athéniens dans la désastreuse entreprise de Sicile. Condamné par ses compatriotes pour impiété, il s'échappe et offre ses services aux Spartiates. A la fin d'une existence de grand dandy, il se retire auprès du satrape Pharnabaze, en Bithynie ; les Spartiates ayant négocié sa mort, le satrape le fit tuer dans les bras d'une courtisane et fit incendier la maison qui l'abritait.

65. Un peu plus de 2 litres.

66. Homère, *Iliade*, XI, 514.

67. Fabre d'Olivet écrit à ce propos : « Les initiés faisaient usage de petites figures de Satyres et de Silènes que l'on rapportait d'Éleusis. A les voir par le dehors, il n'y avait rien de plus ridicule et de plus grotesque, tandis qu'en les ouvrant on trouvait réunies toutes les divinités de l'Olympe. » *Langue hébraïque restituée*, tome I, p. 5.

68. La rivalité de Marsyas et d'Apollon en musique est légendaire.

69. Olympos, célèbre flûtiste phrygien.

70. Les corybantes, prêtres de Cybèle, sorte de derviches tourneurs.

71. *In vino veritas :* si jamais ce proverbe a pu être pris dans son sens le plus noble, c'est bien ici.

72. Formule qu'on trouve au début de certains poèmes orphiques.

73. Homère, *Iliade*, VI, 234.

74. Le *tribôn*, manteau de bure des pauvres gens.

75. Potidée, ville de Chalcidique qui essaya de secouer le joug d'Athènes et fut réduite après cinq ans de guerre (435-430).

76. Homère, *Odyssée*, IV, 242.

77. Délion, 424. Victoire des Thébains sur les Athéniens.

78. Lachès, général athénien.

79. Aristophane, *Les Nuées*, v. 362.

80. Brasidas, général lacédémonien, mort en 422. Anténor et Nestor, personnages de *L'Iliade*.

81. Allusion au goût de Socrate pour les exemples tirés de la vie quotidienne.

82. Charmide fut l'oncle maternel de Platon. *Cf.* le dialogue qui porte son nom.

83. Proverbe analogue chez Hésiode, *Travaux et Jours*, v. 218.

84. C'est l'image de la Philosophie triomphant de la Tragédie et de la Comédie (voir Introduction, pp. 18 et *sqq.*).

85. Gymnase situé au bord de l'Ilissus, à l'est d'Athènes

Appendice I : Socrate (469-399)

Socrate n'a rien écrit. Nous ne le connaissons que par des témoignages indirects et parfois contradictoires, Aristophane qui le caricature dans *Les Nuées*, Platon et Xénophon qui furent ses auditeurs. Mais les écoles de philosophie qui se multiplient à partir du IVᵉ siècle se réclament toutes de lui. Mégariques, cyniques ou hédonistes (ce sont les « petits Socratiques »), platonisme, aristotélisme et jusqu'au stoïcisme, tous ces mouvements de pensée ont vu en Socrate le prototype du Sage. Sa figure domine la tradition philosophique occidentale.

Né à Athènes vers 469 d'un père sculpteur et d'une mère sage-femme, il ne quitta sa cité natale que le temps des campagnes militaires (pour Potidée en 431, Délion en 424...). Ce juste, qui sut refuser d'obéir à un ordre injuste des Trente Tyrans, fut en 399 accusé de corrompre la jeunesse et d'introduire de nouvelles divinités dans la cité. Il préféra boire la ciguë plutôt que de trahir les lois de sa cité en s'évadant comme le lui proposaient ses amis.

Socrate répète qu'il ne sait rien mais l'oracle de Delphes le désigne comme le plus sage *(sophos)* des hommes. Pour comprendre ce que veut dire le dieu, Socrate poursuivra jusqu'à sa dernière heure ce qu'il considère dès lors comme une mission sacrée : il converse dans les rues d'Athènes, au marché ou au gymnase avec ses concitoyens ; les interroge sur ce qu'ils croient savoir, sur leur métier, sur l'idée qu'ils se font du beau, de la sagesse, de la piété ou du courage. Sa manière de philosopher se résume à cet art du dialogue : c'est la maïeutique, l'art d'accoucher les esprits, de les éveiller à la conscience.

On l'a parfois confondu avec les sophistes. Pourtant rien ne s'oppose plus au relativisme sophistique que l'effort de Socrate pour donner un fondement solide aux valeurs. Car l'enquête socratique n'est pas un jeu verbal où l'on viserait à triompher de l'adversaire ; c'est une recherche conduite avec l'interlocuteur et guidée par une exigence rationnelle – Aristote saura gré à Socrate d'avoir cherché la définition universelle et mis au point la technique du raisonnement inductif. Pour Cicéron, Socrate est celui « qui fit descendre la philosophie du ciel sur la terre ». Pour nous, il reste celui qui, en exhortant chacun à « se connaître soi-même », personnifie la conscience philosophique comme conscience intellectuelle et comme conscience morale.

Appendice II : Platon et son œuvre

Le « prince des philosophes » est né en 428 dans une famille aristocratique. Platon a donc vingt-trois ans quand Athènes s'effondre et que s'installe l'oligarchie des Trente Tyrans, avec son cortège de meurtres et d'exactions. Parmi les oligarques on compte deux des parents du jeune Platon, Critias et Charmide. « Je m'imaginais, lit-on dans la lettre VII, qu'ils gouverneraient la ville en la ramenant des voies de l'injustice dans celles de la justice… Or, je vis ces hommes faire regretter en peu de temps l'ancien ordre des choses comme un âge d'or. »

La démocratie fut restaurée, mais en 399 elle condamna Socrate à boire la ciguë. Il était dès lors démontré que le Sage ne peut survivre dans un État injuste. Platon renonça à embrasser la carrière politique, s'exila quelque temps à Mégare avec d'autres disciples de Socrate, puis entama un voyage qui l'aurait conduit, selon certains jusqu'en Égypte et en Cyrénaïque, sûrement, en tout cas, jusqu'en Grande Grèce (Italie du Sud et Sicile) où il fut en contact avec les cercles pythagoriciens. A Syracuse, où son ami Dion l'appelait auprès du tyran Denys Ier, il crut un moment trouver un laboratoire où tester ses théories politiques. Mais, déçu une première fois, il regagna Athènes et fonda en 388, dans les jardins du héros Académos, une école philosophique, l'Académie. Nombre de grands esprits la fréquentèrent dont le mathématicien Eudoxe et le jeune Aristote.

En 367, à Syracuse, Denys le Jeune succède à son père. Sur les instances de Dion, l'oncle du jeune Denys, Platon retourne à Syracuse. Mais c'est bientôt l'exil pour Dion et le retour de Platon à Athènes (365). Après une dernière tentative et un dernier échec en Sicile, en 361, Platon rentre définitivement à l'Académie où il meurt en 347 – une décennie environ avant Chéronée –, en écrivant les *Lois*. Mais la tradition philosophique de l'Académie allait rester vivante durant neuf siècles, jusqu'à ce qu'en 529 Justinien prononce la dissolution des écoles philosophiques.

L'œuvre attribuée à Platon comprend 35 dialogues (dont seuls quelques-uns sont suspects), et 13 lettres, dont l'authenticité est douteuse, mais on tend à admettre aujourd'hui que les lettres VI, VII et VIII pourraient être de Platon.

« Si quelqu'un réduisait Platon en système, il rendrait un grand service au genre humain. » Cet espoir formulé par Leibniz en 1715 est resté lettre morte. Cette « réduction » n'est pas faite ; mais nombreux sont ceux qui s'y sont essayés [1]. Dans ce but on a d'abord cherché à reconstituer la chronologie des dialogues.

Parmi ces efforts pour aboutir à un classement satisfaisant de l'œuvre, la tentative de Schleiermacher marque une étape importante. Pour Schleiermacher, la succession des dialogues obéit à un plan didactique fermement établi dès l'origine. Les dialogues sont donc étroitement reliés les uns aux autres : Platon développe dans chacun d'eux l'une de ses idées directrices. On doit se borner aux dialogues pour interpréter le philosophe et se convaincre que le caractère de la méditation philosophique commande chaque fois la forme artistique de l'œuvre. Fort de ces convictions, Schleiermacher en déduit que le premier dialogue est le *Phèdre* : il présente l'ensemble du programme que les autres dialogues doivent réaliser et offre une palette complète des talents de Platon écrivain – art de la mise en scène et de la conversation, rigueur des développements dialectiques, présence du mythe. C'est le dialogue programmatique par excellence.

Cette position eut, en son temps, le mérite de rappeler la nécessité, quand on lit Platon, de ne pas perdre de vue la cohérence de l'ensemble de l'œuvre, le mouvement de tension qui l'anime de bout en bout. On a cependant tendance aujourd'hui à reconnaître une évolution de Platon au cours des dialogues.

En combinant critères stylistiques, statistiques verbales, étude de la forme littéraire de l'exposé et de la mise en œuvre des processus dialectiques, on aboutit à un classement approximatif des dialogues, par groupes, sur lequel l'accord est à peu près réalisé.

Le premier groupe est celui des dialogues dits « socratiques ». Composés, pense-t-on, dans les dix ans qui suivirent la mort de Socrate, ils défendent sa mémoire *(Apologie de Socrate, Criton)* ou font revivre les entretiens socratiques. Dans l'*Hippias Mineur*, le *Charmide*, le *Lachès*, le *Lysis* ou l'*Euthyphron*, Socrate et ses interlocuteurs cherchent à définir une valeur ou une vertu : le vrai et le mensonge, la sagesse, le courage, l'amitié ou la piété. Peut-être faut-il en rapprocher l'*Hippias Majeur*

---

1. Pour une histoire de ces tentatives, *cf.* E. N. Tigerstedt, *Interpreting Plato*, Uppsala, Almquist-Wiksell, 1977.

(sur le Beau), l'*Alcibiade* et l'*Ion* dont l'authenticité a été discutée. Ces dialogues aboutissent à une impasse – ce sont des dialogues aporétiques –, et s'achèvent sans que la question soulevée ait trouvé une solution.

Le *Protagoras*, le *Gorgias* et le *Ménon*, auxquels on doit peut-être joindre *Euthydème, Cratyle* et *Ménéxène*, font transition entre les premiers dialogues et les dialogues de la maturité qui suivent la fondation de l'Académie. *Le Banquet*, le *Phédon, La République* (en 10 livres), et le *Phèdre.*

Au retour du second voyage en Sicile furent composés les grands dialogues métaphysiques : *Parménide, Théétète, Sophiste* et *Politique*. Le rôle de Socrate progressivement s'efface. Platon se fait plus dogmatique ; il examine et confronte les thèses de Parménide (sur l'unité de l'Être) et d'Héraclite (sur le mobilisme universel) en recourant à la méthode de la diérèse.

Enfin les dernières œuvres comprennent l'ébauche d'une trilogie – *Timée, Critias, Hermocrate* –, dont nous avons le *Timée* et le début du *Critias*, ainsi que le long exposé des *Lois*, en 12 livres, qui ne fut publié qu'après la mort de Platon. Le *Timée*, dans la traduction latine de Chalcidius, était le seul texte platonicien bien connu au moyen âge ; son influence fut immense. Les autres dialogues de Platon dont *Le Banquet* furent redécouverts à la Renaissance.

Pour plus de détails sur Platon et ses dialogues, on se reportera à la bibliographie qui accompagne la présentation de l'œuvre platonicienne esquissée dans notre *Littérature grecque d'Homère à Aristote,* collection Que Sais-Je ? P. U. F. , 1990, dont nous avons ici repris quelques pages avec l'aimable autorisation de l'éditeur.

M.T

Index des noms propres

ACHILLE, le héros de l'*Iliade* d'Homère. Son ami PATROCLE ayant été tué par Hector devant Troie, Achille vengea cette mort en tuant Hector avant d'être tué lui-même par Pâris, frère d'Hector. On ne trouve chez Homère aucune allusion à des relations amoureuses entre Patrocle et Achille. Eschyle, en revanche, dans ses *Myrmidons,* faisait d'Achille, l'amant, et de Patrocle, l'aimé. Platon, dans *Le Banquet,* fait polémiquer Phèdre contre Eschyle (179e oq, 208d, 221c).

ACOUMÈNE, médecin à Athènes et père du médecin Éryximaque (176b, 198a, 214b).

ACOUSILAOS d'Argos, auteur de trois livres de *Généalogies,* en prose, au milieu du ve siècle avant J.-C. (178c).

ADMÈTE, roi de Thessalie. Il devait mourir si nul ne consentait à prendre sa place aux Enfers. Son épouse, Alceste, accepta de le remplacer (voir s. v. Alceste) (179b, 208d).

AGAMEMNON, roi de Mycènes, frère de Ménélas et chef de l'expédition grecque contre Troie (174b).

AGATHON, poète tragique célèbre à Athènes à la fin du ve siècle avant J.-C. Vainqueur au concours tragique des Lénéennes de 416 av. J.-C., il émigra, peu avant 405, à la cour du roi de Macédoine, à Pella (*cf.* 172c). Sur son discours (194e-197e), voir l'Introduction, pp. 21-23.

AJAX, fils de Télamon, roi de Salamine, héros de la guerre de Troie. Il se suicida devant Troie, déçu de ne pas avoir obtenu les armes d'Achille à la mort de ce dernier. Sophocle a mis ce drame en scène dans son *Ajax.*

ALCESTE, fille de Pélias et épouse d'ADMÈTE, roi de Thessalie. Elle accepta de mourir à la place de son époux et fut ramenée des Enfers par Héraclès dans la version de la légende qu'adopta Euripide pour sa tragédie *Alceste* (179b, 208d).

ALCIBIADE, fils de Cleinias et de Deinomaché, il passa souvent pour un aristocrate rallié à la démocratie par ambition politique. Né vers 450 et mort en exil, en 404, après la chute d'Athènes. Personnage célèbre et controversé qui séduisit les Athéniens autant qu'il suscita leur méfiance. Compromis dans le scandale de la mutilation des Hermès alors qu'il venait d'être élu stratège, à la veille de l'expédition athénienne en Sicile, il choisit de s'exiler. Après avoir séjourné à Sparte, il put rentrer à Athènes en 407 mais dut à nouveau s'exiler en 405. Il figura parmi les disciples de Socrate. Son attitude politique ambiguë et son rôle discuté contribuèrent à compromettre son maître. Sur la carrière d'Alcibiade, *cf.* Jean Hatzfeld, *Alcibiade,* Paris, 1951. Sur son discours, dans la troisième partie du *Banquet, cf.* notre Introduction, pp. 34-37.

ANANKÉ, la nécessité personnifiée (195c, 197b).

ANTÉNOR, héros troyen, sage et âgé ; dans *L'Iliade* il joue le même rôle à Troie que Nestor du côté grec (221c).

APHRODITE, déesse de l'amour et de la beauté. *Le Banquet* présente deux généalogies différentes de la déesse. L'Aphrodite «ouranienne» est la fille d'Ouranos, comme l'indique Hésiode (*Théogonie,* 190 *sqq.*). L'Aphrodite «pandémienne» est la fille de Zeus et de Dioné, comme on voit chez Homère (*Iliade,* V, 312-371 ; *Le Banquet,* 180d-e). Il y avait à Athènes un culte d'Aphrodite Ourania et un culte d'Aphrodite Pandèmos. Mais ni dans la mythologie, ni dans le culte, cette distinction ne semble avoir correspondu à des amours de valeur morale opposée. Voir V. Pirenne-Delforge. «Épithètes cultuelles et interprétation philosophique. A propos d'Aphrodite Ourania et Pandèmos à Athènes» , *L'Antiquité classique*, 57, 1988, pp. 142-157. Pour la valorisation de l'amour ouranien qui s'adresse aux garçons exclusivement et préfère l'âme au corps, voir le discours de Pausanias (177e, 180d *sqq.* , 196d, 203b *sqq.*).

APOLLODORE de PHALÈRE, jeune disciple de Socrate. Il raconte à Glaucon et ses amis le récit du *Banquet*, qu'il tient d'ARISTODÈME de CYDATHÉNÉE qui assista à cette soirée, invité par Socrate. Sur ce personnage, narrateur du *Banquet*, voir notre Introduction, p. 10.

APOLLON, fils de Zeus et de LÉTO, frère d'Artémis. Dieu solaire, dieu archer, dieu médecin, c'est aussi un dieu oraculaire qui délivre ses messages à Delphes, et le dieu Musagète, de l'art, du chant, du savoir (190e, 197a).

ARCADIENS, peuple au centre du Péloponnèse. La mention de la dispersion des habitants de l'Arcadie par les Lacédémoniens en 385 est un anachronisme par rapport à la date du *Banquet* censé se tenir en 416 mais fournit un repère précieux pour la date de composition de l'œuvre (193a). (Voir Introduction, p. 9.)

ARÈS, fils de Zeus et d'Héra, dieu de la guerre, amant d'Aphrodite (196d).

ARISTODÈME de CYDATHÉNÉE, disciple fanatique de Socrate à l'époque où est censé se tenir *Le Banquet*. Invité par Socrate au Banquet d'Agathon. il en fit le récit à Apollodore. Voir Introduction, pp. 8-9 (173b, 174e, 175a, 176c, 178a, 185c, 198a, 218b, 223b).

ARISTOGITON, l'un des deux «tyrannoctones» qui en 514 avant J. -C. tuèrent les tyrans Hipparque et Hippias, fils de Pisistrate si l'on en croit une tradition communément reçue à Athènes. L'historien Thucydide indique que le meurtre des tyrans n'eut pas un mobile politique mais un mobile sentimental, à partir duquel on bâtit par la suite une légende patriotique (182c).

ARISTOPHANE, le grand poète comique du Ve siècle avant J.-C. (445-388) – le grand nom de la comédie ancienne. Poète précoce, il composa sa première comédie à vingt ans et donna dans ses pièces une image pleine de fantaisie et de truculence de l'Athènes de son temps et de ses célébrités. Il met en scène Socrate dans les *Nuées,* produites en 423, et Agathon, le poète efféminé, dans *Les Thesmophories* (411). Sur son discours dans *Le Banquet* (189c-193d), voir l'Introduction, pp. 18-21.

ASCLÉPIOS ou ESCULAPE, dieu de la médecine, fils d'Apollon (186e).

ATÉ, l'erreur, le crime personnifié (195d).

ATHÉNA, fille de Zeus, déesse protectrice d'Athènes, c'est aussi la déesse du tissage et des travaux d'aiguille (197b).

BÉOTIENS, peuple au nord d'Athènes avec Thèbes comme ville principale (182b).

BRASIDAS, l'un des plus brillants chefs militaires spartiates dans la première partie de la guerre du Péloponnèse. Il eut le mérite de convaincre Sparte de conduire une politique offensive hors de ses frontières. Il mourut en 422 devant Amphipolis et passa pour l'Achille de la guerre du Péloponnèse ; les habitants de la cité lui élevèrent un mémorial et l'honorèrent comme un héros (221 c).

CHAOS, ce qui existait aux origines du monde selon Hésiode ; vinrent ensuite la Terre – Gaia – et l'amour – Érôs (178 b).

CHARMIDE, oncle de Platon, fils de Glaucon. Apparaît tout jeune, dans le dialogue platonicien qui porte son nom et où Socrate paraît sensible à sa beauté (222b).

CODROS, roi légendaire d'Athènes qui se fit tuer pour assurer à ses descendants la victoire sur les Doriens (208d).

CORYBANTES, prêtresses de Cybèle en proie à des transes sauvages (215e).

CRONOS, fils d'Ouranos et de Gaia, père du Titan Japet et de Zeus qui le détrôna (195b).

CYDATHÉNÉE, dème de l'Attique au sud de l'Acropole d'où est originaire Aristodème (173b).

DÉLION, ville de Béotie où les Athéniens connurent une grave défaite en 424. L'une des campagnes auxquelles Socrate participa avec un courage sans faille (221a).

DIOCLÈS D'ATHÈNES, père d'Euthydème (222b).

DIONÉ, mère d'Aphrodite selon l'une des versions de la légende (180d).

DIONYSOS, fils de Zeus et de Sémélé ; dieu de la végétation, en particulier de la vigne, et donc de l'ivresse et de l'inspiration. Il est à l'origine des célébrations les plus débridées. Les représentations dramatiques – tragédies, comédies et drames satyriques – se rattachent à son culte (175e, 177e).

DIOTIME, prêtresse de Mantinée. Elle écarta durant dix ans la peste d'Athènes en indiquant aux Athéniens les sacrifices à faire. C'est elle qui instruisit Socrate sur l'amour. On s'interroge sur l'historicité du personnage, sur les raisons qu'eut Platon de l'introduire dans le banquet. Sur son discours voir notre Introduction, pp. 25-26.

ÉLIS, le pays d'Olympie, à l'ouest du Péloponnèse (182b).

ÉPHIALTE, géant, frère d'Otos. Homère raconte comment ces géants tentèrent de gagner le ciel « en entassant Pélion sur Ossa » (*Od.*, XI, v. 305 *sqq.*). Ils furent tués par Apollon (190b).

ÉRÒS, le dieu de l'amour que célèbrent six discours du *Banquet*.

Plusieurs généalogies du dieu sont proposées ; dieu primordial, pour Phèdre (178a, 188a), c'est, au contraire, le plus jeune des dieux pour Agathon. Dans l'allégorie que propose Diotime, ce n'est pas un dieu mais un démon, fils de Pauvreté et de Ressource (203b). Sur ces diverses généalogies du dieu, voir notre Introduction, p. 21.

ÉRYXIMAQUE D'ATHÈNES, fils du médecin Acoumène et médecin lui-même, il fréquente les sophistes. Sur son discours, *cf.* notre Introduction, pp. 15-18.

ESCHYLE, le plus ancien des trois grands tragiques athéniens ; il vécut de 525 à 456 et prit part aux guerres médiques. Dans sa pièce *Les Myrmidons*, aujourd'hui perdue, il évoquait les amours d'Achille et de Patrocle (185a).

ESCULAPE, voir s. v. Asclépios.

EURIPIDE, 480-406. Le dernier des trois grands tragiques. Il composa la plupart de ses pièces durant la guerre du Péloponnèse. A la fin de sa carrière il partit à la cour du roi Archélaos de Macédoine, à Pella, où il mourut en 406. Marqué par la sophistique et les idées nouvelles, il est souvent cité dans *Le Banquet*. Éryximaque cite sa *Mélanippe* (177a), Agathon, la *Sthénébée* (196e) et Socrate, l'*Hippolyte* (199a) ; enfin Alceste, l'héroïne de son drame, est évoquée à deux reprises (179b *sqq.*, 208d).

EUTHYDÈME, fils de Dioclès. Il ne faut pas le confondre avec le sophiste du même nom que Platon met en scène dans son dialogue l'*Euthydème* (222b).

GLAUCON 1, sans doute le plus jeune frère de Platon, présent aussi dans *La République* et le *Parménide* (172c).

GLAUCON 2, père de Charmide et grand-père de Platon (222b).

GORGIAS DE LÉONTINOI, illustre sophiste qui, venu en ambassade à Athènes en 427, suscita l'admiration par l'art qu'il déployait dans ses discours. Né autour de 485 il semble avoir vécu jusque vers 380 et eut de nombreux disciples. Nous n'avons que quelques rares fragments de ses discours – un court extrait d'oraison funèbre, deux exercices sophistiques – l'*Éloge d'Hélène* et la *Défense de Palamède* et un traité plus philosophique «sur le non-être». Son goût de la prose travaillée et des figures apparaît ici chez son élève Agathon. Platon lui consacra un dialogue, le *Gorgias*, antérieur au *Banquet*, où il dénonce la puissance de la rhétorique, cet art capable de persuader sur tout sujet ceux qui n'en savent rien (198c).

HADÈS, dieu des Enfers, frère de Zeus (179d, 192e).

HARMODIOS, le «tyrannoctone», voir *supra*, s. v. Aristogiton.

HECTOR, fils de Priam et d'Hécube, frère de Pâris, le principal héros troyen de *L'Iliade*. Il tue Patrocle et est lui-même tué par Achille qui retourne au combat pour venger son ami, alors qu'il sait qu'il doit mourir peu après lui (179e).

HÉPHAISTOS, fils de Zeus et d'Héra, époux d'Aphrodite, dieu du feu et des forgerons (192d, 197b).

HÉRACLÈS, fils de Zeus et d'Alcmène, célèbre par ses douze travaux et ses exploits. Le sophiste Prodicos lui avait consacré l'un de ses écrits : il le présentait à la croisée des chemins, devant choisir entre le vice et la vertu (177b).

HÉRACLITE D'ÉPHÈSE (540-480), l'un des philosophes présocratiques, surnommé «L'Obscur». Il professe le mobilisme universel («tout s'écoule») et affirme que le Conflit – *Polémos* – est père de toutes choses et maintient l'harmonie des contraires (187a).

HÉSIODE, poète épique, originaire d'Ascra, en Béotie. Auteur de la *Théogonie* où il fait d'Erôs le dieu primordial, la force cosmique à l'origine de la création du monde (178b, 195c, 209d).

HOMÈRE, pour les Anciens, le poète de l'*Iliade* et de l'*Odyssée*. Le grand éducateur de la Grèce, source de tout savoir et de toute pensée. Il est donc naturel que les orateurs du *Banquet* se plaisent à le citer (174b, 179b, 180a, 190b, 195d, 198c, 209d).

IONIE, l'une des sources du peuplement de la Grèce. Les populations de race ionienne (en Attique, en Eubée, dans les Cyclades) se distinguent des populations doriennes. Le retour de l'Ionie sous le pouvoir perse, mentionné en 182b (nouvel anachronisme, est un élément précieux pour la datation du *Banquet* (voir l'Introduction, p. 9).

LACHÈS, stratège athénien qui participa à de nombreuses campagnes de la guerre du Péloponnèse. Platon donna son nom à celui de ses dialogues qui traitait «Du courage» (221a).

LE LYCÉE, gymnase au nord-ouest d'Athènes, non loin de l'Académie, où Aristote devait par la suite installer son école (223d).

LYCURGUE, législateur légendaire de Sparte (209d).

MANTINÉE, cité arcadienne, d'où est originaire Diotime (201d, 211d).

MARSYAS, demi-dieu phrygien, maître de l'art de la flûte, il défia Apollon qui jouait de la cithare (215b *sqq.*).

MÉLANIPPE, voir s. v. Euripide (177a).

MÉNÉLAS, roi de Sparte, frère d'Agamemnon et époux d'Hélène (174c).

LES MUSES, filles de Zeus et de Mnémosyne, elles chantent et dansent sous la conduite d'Apollon Musagète (197b).

MYRRHINONTE, dème sur la côte ouest de l'Attique d'où est originaire Phèdre (176d).

NESTOR, roi de Pylos, sur la côte ouest du Péloponnèse ; durant la guerre de Troie, il joue le rôle de conseiller des Grecs (221c).

OEAGRE, *cf.* Orphée (179d).

OLYMPOS, célèbre flûtiste phrygien, élève de Marsyas (215c).

ORPHÉE, fils d'Œagre et de la muse Calliopé, chanteur et joueur de cithare légendaire. Musicien au charme magique, il ne réussit pas cependant à ramener son épouse, Eurydice, des Enfers et mourut déchiré par les Ménades (179d).

OTUS, ou OTOS, voir s. v. ÉPHIALTE (190b).

OURANOS, le ciel, époux de Gaia, père de Cronos (180d, 195c).

PARMÉNIDE d'ÉLÉE (515-450), philosophe présocratique qui professa les principes de l'immuabilité et de l'éternité de l'Être (178b, 195c).

PATROCLE, ami d'Achille (voir sous ce nom), qui périt à Troie, tué par Hector (179e, 180a, 208d).

PAUSANIAS, l'amant d'Agathon, déjà présent à ses côtés dans le *Protagoras* de Platon. Il semble que cet amour fut durable et que Pausanias ait accompagné le poète à la cour du roi de Macédoine. Sur son discours (180c-185c) voir l'Introduction, p. 14.

PÉLIAS, père d'Alceste (179b).

PÉRICLÈS, homme d'État athénien qui symbolise l'éclat politique et culturel de la cité d'Athènes dans la seconde moitié du vᵉ siècle. Régulièrement réélu stratège, il présida plus de dix ans aux destinées de sa cité, l'engagea dans la guerre du Péloponnèse et mourut de la peste en 429 av. J. -C. , deux ans après le début des hostilités (215e, 221c).·

PHÈDRE de MYRRHINONTE, jeune et riche Athénien admirateur des sophistes, il semble lié à Eryximaque avec qui il écoute Hippias dans le *Protagoras*. Sur son discours (178a, 180b), voir l'Introduction, pp. 14 *sqq*.

LE PHALÈRE, le plus ancien des deux ports d'Athènes (172a).

PHÉNIX, fils de Philippe, qui entendit de la bouche d'Aristodème le récit du *Banquet* (172b, 173b).

PHILIPPE, père de Phénix, inconnu par ailleurs (172b).

POLYMNIE, muse du chant et de la danse (187e).

POSÉIDON, frère de Zeus et d'Hadès, dieu de la mer et du cheval (214d).

POTIDÉE, ville grecque de Thrace qui fut assiégée par les Athéniens au début de la guerre du Péloponnèse (219e, 221a).

PRODICOS de CÉOS, sophiste surtout connu pour ses études sur les synonymes (auxquelles Platon fait allusion dans le *Protagoras*) et pour son «Apologue d'Héraclès», voir s. v. Héraclès, *supra* (177b).

SATYRES et SILÈNES, mi-hommes, mi-chevaux, les Satyres font partie de la suite de Dionysos et ne sont pas aisés à différencier des Silènes. Marsyas est présenté tantôt comme un satyre, tantôt comme un silène. Sur cette image appliquée à Socrate, voir notre Introduction, p. 35 (215a, *sqq*., 221d, 222d).

SIRÈNES, femmes-oiseaux au chant merveilleux. En les écoutant, les marins perdaient tout souci de leur navire et sombraient. Ulysse qui souhaite les entendre et survivre, décide de se faire attacher au mât de son navire et veille à ce que les oreilles de ses matelots soient bouchées (216a).

SOCRATE, 469-399. Voir commentaires *supra*, pp. 119 *sqq*.

SOLON, l'un des sept sages de la Grèce. Homme d'État athénien et poète. En 594 il redonna une nouvelle constitution à sa Cité. Les «lois de Solon», plus douces que celles de Dracon, sont inspirées de l'idéal archaïque de la juste mesure. Dans ses poèmes Solon justifie son œuvre législative et chante les plaisirs du banquet (209d).

THÉTIS, déesse de la mer, épouse de Pélée et mère d'Achille (179e).

URANIE, «la céleste», muse de l'astronomie (187e).

ZEUS, fils de Cronos et de Rhéa, le roi des dieux en Grèce. Frère de Poséidon, Hadès et Héra dont il est aussi l'époux (173b, 180b, 197b, 203b).

Table

Introduction, par Monique Trédé 5

I. Présentation 5

Qu'est-ce qu'un « banquet » grec ? 5

Le Banquet de Platon : personnages et dates 7
    Les personnages, 7. – Dates et anachronismes, 8.

II. *Le Banquet :* structure et analyse 10
    Le préambule, 172a-174a, 10. – Le prologue du récit
    d'Aristodème, 174a-175e, 12.

PREMIÈRE PARTIE. – Les cinq premiers discours, 178a-199a 14

DEUXIÈME PARTIE. – Socrate et Diotime, 199b-212c 21

TROISIÈME PARTIE. – L'éloge de Socrate par Alcibiade,
212c-233c 31

La postérité du *Banquet* 40

Orientations bibliographiques 42

LE BANQUET, traduit par Philippe Jaccottet 45

Notes 115

Appendice I : Socrate 119

Appendice II : Platon et son œuvre 120

Index des noms propres 123

Achevé d'imprimer en juillet 2008 en Espagne par
LITOGRAFIA ROSÉS S.A.
Gava (08850)
Dépôt légal 1re publication : juin 1991
Édition 11 : juillet 2008
LIBRAIRIE GENERALE FRANÇAISE – 31, rue de Fleurus – 75278 Paris Cedex 06

30/4610/9